Chancen in Nordhessen/Südniedersachsen

Attraktive Bildungsangebote von
Institutionen / Ausbildungsbetrieben / Akademien+Fachschulen / Hochschulen

& Messehandbuch für die vocatium Kassel 2019

Weitere Informationen über die Anbieter
in der Online-Suchbörse auf
www.erfolg-im-beruf.de

Chancen in Nordhessen/Südniedersachsen

www.erfolg-im-beruf.de
Redaktion: Eva Zschäbitz
Titelgestaltung: Julia Bruhn
Fotonachweis Seite 1: Kassel Marketing GmbH

Weitere Fotos: Pressebilder und Archivbilder der Institutionen / Firmen / Hochschulen

ISBN 978-3-933205-79-7
9., überarb. Auflage – Januar 2019
Druckauflage: 4.500 Exemplare
Druck und Bindung: CPI – Clausen & Bosse · Leck

vocatium

Fachmesse für Ausbildung+Studium

vocatium Kassel 2019
12. und 13. Juni 2019

im
Kongress Palais Kassel
Holger-Börner-Platz 1
34119 Kassel

Öffnungszeiten:
08.30 – 14.45 Uhr

Der Eintritt ist frei!

Veranstalter:
IfT Institut für Talententwicklung GmbH, Berlin

Kooperationspartner:
Deutsche Gesellschaft e. V.

Organisation / Durchführung:
IfT Institut für Talententwicklung Mitte GmbH
Ludwig-Erhard-Straße 12
34131 Kassel
Tel.: 0561 8708299 7
Ansprechpartnerin: Melanie Wolf
E-Mail: m.wolf@if-talent.de

Terminabsagen bitte 5. Juni 2019 per E-Mail an:
m.wolf@if-talent.de

Inhalt

*Liebe Leser*innen des vocatium-Messehandbuchs,*

das IfT Institut für Talententwicklung ist für die Verwendung geschlechtergerechter Sprache sensibilisiert. Um der Diversität der Geschlechter gerecht zu werden, wird in den Texten dieses Buchs deshalb der Genderstern verwendet. Sollte die geschlechtergerechte Sprache an der einen oder anderen Stelle nicht präzise formuliert worden sein, bitten wir zu berücksichtigen, dass dennoch alle Geschlechter mit den entsprechenden Formulierungen angesprochen werden.

Für die inhaltliche und sprachliche Gestaltung der einzelnen Anzeigen sind die jeweiligen Aussteller verantwortlich.

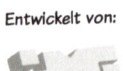

IfT Institut für Talententwicklung

Wegbereiter für die berufliche Zukunft

IfT Institut für Talententwicklung Mitte GmbH
Ludwig-Erhard-Straße 12
34131 Kassel

www.erfolg-im-beruf.de
www.facebook.com/institut.fuer.talententwicklung

Projektleiterin vocatium Kassel:
Melanie Wolf
Tel.: 0561 87082997
E-Mail: m.wolf@if-talent.de

Geschäftsführung:
Imke Rudlof und Hella Jurich

Beschäftigte: bundesweit rund 240 (Unternehmensgruppe)

Ausbildung:
(Standorte auf Anfrage)
Veranstaltungskaufmann/-frau (g)***

Praktika: ja
Jobs für Studierende: ja
Bachelor-/Masterarbeiten: ja

Weitere Informationen abrufbar über die Homepage, Facebook sowie den QR-Code

Das IfT Institut für Talententwicklung ist ein Wegbereiter für die berufliche Zukunft. Die Windrose als Unternehmenslogo steht für Orientierung und symbolisiert das Anliegen, jungen Menschen vielfältige Berufswege aufzuzeigen. Das IfT bringt sie dafür mit Ausbildungsbetrieben und/oder Fach- und Hochschulen in Kontakt.

Wir organisieren jährlich:

- mehr als 75 Fachmessen für Ausbildung+Studium (vocatium/nordjob),
- rund 20 Eltern+Schülertage für die Berufswahl (parentum),
- Fachmessen für berufliche Bildung (meister&master),
- viele talentfördernde Akademie-Veranstaltungen (Workshops, Vorträge, Tagungen).

Darüber hinaus bieten wir:

- ein Online-Verzeichnis für Ausbildung, Studium und Praktikum,
- ein digitales Lernspiel als Motivator für die Berufswahl (vocatium2go/nordjob2go),
- regionale Messehandbücher als Nachschlagewerke,
- berufskundliche Ausstellungen,
- mit der TALENTE eine eigene Zeitschrift für Bildung, Berufsorientierung und Personalentwicklung.

Grußwort

Welcher Beruf würde mir Spaß machen? Welche Themen begeistern mich so, dass ich mich über Jahre mit ihnen beschäftigen möchte? Welcher Bildungsweg passt zu mir am besten? Diese Fragen stellen sich die meisten Schülerinnen und Schüler, wenn sie ihren Abschluss machen. Je besser sich jeder und jede Einzelne informiert, desto eher lassen sie sich beantworten.

© Bundesregierung / Steffen Kugler

Eine gute Gelegenheit dazu gibt es auf der Bildungsmesse des Instituts für Talententwicklung. Sie bietet Orientierung und Inspiration, ganz gleich, wo man in der individuellen Bildungsbiographie steht. Dort bekommen Sie einen Überblick über die vielen verschiedenen Möglichkeiten. Sie finden Gesprächspartner, die Einblicke in verschiedenste Bereiche und Berufswege geben können.

Mir ist es ein wichtiges Anliegen, dass jede und jeder aus den eigenen Talenten das Beste machen kann. So vielfältig diese Talente sind, so vielfältig sind die Möglichkeiten, mit denen man sie entfalten kann: mit einer Ausbildung, mit einem Studium, vielleicht mit beidem. Akademische und berufliche Bildungswege sind gleichwertige Bildungswege. Sie lassen sich kombinieren, und man kann von einem zum anderen wechseln. Beide bieten großartige Chancen für spannende und erfüllende Karrieren. Ich möchte, dass jedem jungen Menschen die Wege zu seinem Traumberuf offen stehen und ihm individuell Möglichkeiten dorthin aufgezeigt werden. Deshalb habe ich gerne die Schirmherrschaft über die Bildungsmessen des Instituts für Talententwicklung übernommen.

Nutzen Sie die Chancen, die sich Ihnen auf Bildungs- und Jobmessen bieten. Ich wünsche Ihnen spannende Einblicke und Begegnungen und einen erfolgreichen Start in Ihre berufliche Zukunft!

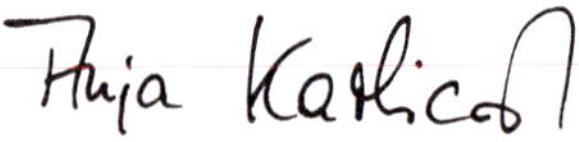

Anja Karliczek
Mitglied des Deutschen Bundestages
Bundesministerin für Bildung und Forschung

Grußwort

© Stadt Kassel

Liebe Schülerinnen und Schüler,
liebe Gäste der vocatium 2019,

„Ein verfehlter Beruf verfolgt uns durch das ganze Leben", hat der französische Philosoph und Autor Honoré de Balzac einmal gesagt. Deswegen ist es wichtig, sich schon während der Schulzeit ganz genau mit den Möglichkeiten zu beschäftigen, die danach auf einen warten. Ausbildung oder Studium? Lieber vor der eigenen Haustür oder doch den Schritt in die Ferne wagen? Vielleicht sogar ein Auslandsjahr? Und in welcher Fachrichtung? Mit welchen Konsequenzen für Arbeitszeiten und Verdienst?

Fragen über Fragen, deren Beantwortung oft nicht leicht fällt. Da ist es gut und wichtig, dass es die vocatium Kassel gibt. An zwei Tagen haben Schülerinnen und Schüler hier die Möglichkeit, sich sachgerecht und umfassend über die vielfältigen Möglichkeiten nach dem Schulabschluss zu informieren. Die vocatium Kassel hilft, sich zu orientieren und bietet ein breit gefächertes Angebot an Kontakt- und Gesprächsmöglichkeiten. Das dabei gewonnene Wissen erleichtert es, die Alternativen abzuwägen und die richtigen Weichen für die eigene Zukunft zu stellen.

Dabei ist die vocatium keine Durchlaufmesse, sondern eine Messe mit terminierten Gesprächen. Nutzen Sie dieses Privileg, um sich gezielt bei den mehr als 76 Ausstellern zu informieren. Das besondere Angebot der Wirtschaftsjunioren Kassel gibt es auch in diesem Jahr wieder: Sie prüfen vor Ort mitgebrachte Bewerbungsunterlagen auf Herz und Nieren. Zahlreiche Workshops runden das Programm im Kongress Palais ab.

Die Themen Arbeit und Bildung sind ein großes Handlungsfeld in der kommunalen Gesamtstrategie der Stadt Kassel. Damit jeder den passenden Beruf finden und seine Stärken auch für die Gesellschaft einbringen kann, ermöglichen wir den Kindern und Jugendlichen in Kassel von Anfang an ein gutes Lernumfeld. Auch im kommenden Jahr werden wir eine Vielzahl an wertvollen Projekten umsetzen.

Allen Initiatoren und Förderern der Messe danke ich als Schirmherr herzlich: Mit ihrem besonderen Konzept ist die vocatium ein großer Gewinn für die Schülerinnen und Schüler in Kassel und der Region.

Herzlichst Ihr

Christian Geselle
Oberbürgermeister der Stadt Kassel

Sechs Schritte zu deinem erfolgreichen Messebesuch auf der vocatium Kassel

1. Teste dich selbst
Verschaffe dir Klarheit über deinen Berufswunsch. Bist du dir noch nicht sicher, welcher Beruf dir liegt, dann stehen dir z. B. kostenlose Tests im Internet zur Verfügung. Eine kleine Auswahl haben wir für dich auf der Seite 16 zusammengestellt. Neben diesen Tests bieten sich persönliche Beratungsgespräche bei Berufsberater*innen der Agentur für Arbeit oder mit der Familie und Freunden an. Was kann ich? Was will ich (erreichen)? Solche und ähnliche Fragen helfen dir.

2. Gute Information
Die Grundlage eines erfolgreichen Messebesuchs ist die gute Vorbereitung. Damit du einen hohen Nutzen aus deinen Gesprächen ziehst, informiere dich anhand dieses Handbuches über die beteiligten Unternehmen, Berufskammern, Berufsverbände und Hochschulen. Eine weiterführende Informationsquelle sind die Internet-Präsentationen der Messeaussteller. Eine Übersicht aller Ausbildungsberufe und Studienfächer, über die auf der vocatium-Messe aus erster Hand informiert wird, findest du auf den Seiten 108 bis 113.

3. Anmeldung
Vom Messe-Team erhältst du einen Anmeldebogen. In diesen trage bitte bis zu vier berufliche Wünsche ein. Die Hauptfrage lautet: Für welche Berufe oder Studienfächer interessierst du dich? Gib den Anmeldebogen ausgefüllt an deine Lehrer*innen zurück. Du findest den Anmeldebogen ab März 2019 alternativ auch unter www.erfolg-im-beruf.de im Internet.

4. Gesprächstermine
Aufgrund deiner Anmeldung arrangiert das Messebüro für dich bis zu vier von dir gewünschte 15- bis 20-minütige Termine mit Berater*innen der beteiligten Unternehmen, Institutionen und Hochschulen (teilweise Gruppengespräche möglich). Die Termine werden dir ungefähr 14 Tage vor Messebeginn mitgeteilt. Für dich gilt: Wir stimmen mit deiner Schule ab, wann die Termine am besten in euren Stundenplan passen. Auf der Messe kannst du über die fest vereinbarten Termine hinaus spontan weitere Gespräche mit anderen Messeausstellern führen.

5. Vorbereitung auf die Gespräche
Sobald du deine Gesprächstermine kennst, bereite dich auf diese gut vor. Mach dir ein genaueres Bild von den Firmen und Institutionen. Empfehlenswert ist es, dass du insbesondere zu deinen Gesprächen mit potenziellen Ausbildungsbetrieben Bewerbungen mitnimmst (siehe Abschnitt 6). Schüler*innen, die sich besonders gut auf ihre Messegespräche vorbereiten, erhalten als Anerkennung eine Bescheinigung (Seite 11).

6. Bewerbungsunterlagen
Wer sich über seinen Berufswunsch schon im Klaren ist, kann die Messe natürlich auch nutzen, um Bewerbungsunterlagen persönlich zu übergeben. Es kann allerdings sein, dass einige Firmen diese Unterlagen auf der Messe nicht entgegennehmen können – etwa weil es ausschließlich Online-Bewerbungsverfahren gibt oder weil die Bewerbungsfrist generell erst später im Jahr beginnt. Auf Seite 14 findest du eine Übersicht, welche Firmen vollständige (!) Bewerbungsunterlagen auf der Messe entgegennehmen. Die Messeaussteller sind darüber hinaus aber auch gerne bereit, Tipps und Anregungen zu den mitgebrachten Bewerbungsunterlagen zu geben.

melissantum

Melissantum-Schulpreis

Die Unterstützung bei der Berufsorientierung und Berufswahlkompetenz ist eine wichtige Aufgabe der Schulen. Herausragende Einzelkonzepte werden mit dem Melissantum-Schulpreis für eine zielführende Berufsorientierung ausgezeichnet.

Vor über 300 Jahren sagte der Gelehrte Johann Gottfried Gregorii (1685 -1770), genannt Melissantes: „Jeder möge selbst seine Neigung, Eignung und Leistungsfähigkeit erforschen, diese mit den Berufen abgleichen, um darunter den passenden zu finden." Ein Konzept, das auch heute noch höchst aktuell ist.

Das IfT Institut für Talententwicklung sponsert jährlich den Melissantum-Schulpreis, mit dem hervorragende Konzepte der Berufs- und Studienorientierung gewürdigt werden.
Über die Vergabe entscheidet das Kuratorium Schule-Wirtschaft-Politik.

Nähere Informationen finden Sie auf **www.erfolg-im-beruf.de.**

Der Rechtsweg ist ausgeschlossen.

Bescheinigung für gut vorbereitete Messegespräche

Schüler*innen, die sich besonders gut auf ihre Gespräche mit Unternehmen und Institutionen vorbereiten und bei den Gesprächen einen guten Eindruck hinterlassen, haben die Chance auf eine Auszeichnung, die sogenannte Messebescheinigung. Diese Bescheinigung kann späteren Bewerbungen beigefügt werden. Dadurch kannst du zeigen, dass du den Messebesuch mit besonderem Engagement genutzt hast.

Die Bescheinigung erhältst du, wenn du folgende Kriterien erfüllst:

- Pünktliches Erscheinen zu deinem Messetermin
- Sehr gute Gesprächsvorbereitung
- Überzeugendes Auftreten
- Ggf. aussagekräftiges individuelles Anschreiben plus Lebenslauf

PS: Neben deinen Schulnoten zählt für Ausbildungsbetriebe dein Engagement. Jeder potenzielle Ausbildungsbetrieb ist im Rahmen deiner späteren Bewerbungen auch über andere Bescheinigungen dankbar, z. B. über ehrenamtliche Mitarbeit in Vereinen. Wichtig ist zudem, dass auf deinem Bewerbungszeugnis keine Hinweise auf unentschuldigtes Fehlen enthalten sind.

Elterninformation: Terminorganisation, Datenschutz und Unterstützung

Liebe Eltern,
*auf der vocatium-Messe erhalten Mädchen und Jungen die Gelegenheit, mit Mitarbeiter*innen von Unternehmen, Fach- und Hochschulen sowie Institutionen zu sprechen. Sie können sich über Berufswege nach dem Schulabschluss informieren oder persönlich vorstellen. Die Besonderheit der vocatium-Messe: Für die Jugendlichen werden vorab terminierte Gespräche mit den Ausstellern organisiert. Hierzu informieren wir Sie über wichtige Details:*

Vorbereitung und Anmeldung:
Die Schüler*innen wurden im Unterricht durch das vocatium-Organisationsteam auf die Messe vorbereitet. Dazu haben sie dieses Handbuch sowie einen Übersichtsbogen über die Beratungsangebote der Aussteller erhalten. Auf einem (separaten) Anmeldebogen mit angegliedertem Beratungsangebot können/konnten die Schüler*innen bis zu vier Gesprächswünsche angeben. **Stehen Sie Ihrem Kind bei der Auswahl der Gesprächswünsche gern beratend zur Seite.**

Datenschutz:
Mit der Abgabe des Anmeldebogens willigen die Schüler*innen ein, dass die Angaben zu Vor- und Nachname, Schule und Klasse vom Organisationsbüro ausschließlich zum Zweck der Terminvergabe gespeichert und an die Aussteller übermittelt werden dürfen. Eine darüber hinausgehende Weitergabe an Dritte oder Nutzung erfolgt nicht. Direkt nach der Messe werden die persönlichen Daten wieder gelöscht. **Bei Schüler*innen unter 16 Jahren ist die Unterschrift eines*einer Erziehungsberechtigten erforderlich.**

Terminorganisation und -absagen:
Die Schule sammelt die von den Jugendlichen ausgefüllten Bögen ein und sendet sie dem vocatium-Organisationsbüro zu. Auf Basis der Gesprächswünsche werden bis zu vier Termine je Teilnehmer*in vergeben. Das vocatium-Büro sendet die Termine, gedruckt auf persönlichen Einladungsbögen, etwa 14 Tage vor der Messe an die Lehrkräfte. Diese leiten die Einladungen an ihre Schüler*innen weiter. Jedes Gespräch dauert ca. 15 bis 20 Minuten. Wer einen oder mehrere Termine nicht wahrnehmen kann, wird gebeten, diese bis zur vorgegebenen Frist (siehe Seite 3) abzusagen. Spätere Abmeldungen sollten durch Mitschüler*innen am Messetag direkt beim Aussteller erfolgen.

Chancen nutzen:
Zu den Gesprächsterminen bei den Ausstellern der Messe werden die Schüler*innen erwartet. Damit die Jugendlichen das Gespräch gut mitgestalten können, ist es ratsam, sich vorab Fragen zu überlegen und auf Gegenfragen vorbereitet zu sein. Auch eine angemessene Kleidung und Pünktlichkeit sind vorteilhaft. Die Messe bietet den Schüler*innen die Möglichkeit, den „Ernstfall" (z. B. spätere Bewerbungsgespräche) und die selbstständige Gesprächsführung zu üben. Wer in seiner Berufswahl schon sicher ist, kann zu Gesprächen bei Unternehmen gleich eine Bewerbungsmappe mitbringen und sich als potenzielle*r Auszubildende*r vorstellen. **Unterstützen Sie Ihr Kind gern bei der Vorbereitung auf die Gespräche.**

Wichtig: Neben den fest vereinbarten Terminen können die Schüler*innen auch spontan weitere Gespräche mit Unternehmen, Fach- und Hochschulen sowie Institutionen führen. Der Eintritt zur Messe ist natürlich frei.

Wir wünschen Ihrem Kind einen guten Start in die Berufswelt!
Ihr vocatium-Organisationsteam

Deutsche Gesellschaft e. V.

Wir fördern das Miteinander in Deutschland und Europa

Deutsche Gesellschaft e. V.
Mosse Palais
Voßstraße 22
10117 Berlin-Mitte

Tel.: 030 88412141
E-Mail: dg@deutsche-gesellschaft-ev.de

www.deutsche-gesellschaft-ev.de

Vertretungsberechtigte:
Dr. h. c. Lothar de Maizière,
Ministerpräsident a. D. (Vorsitzender)

Franz Müntefering,
Bundesminister a. D. (Vorsitzender)

Jürgen Engert,
Gründungsdirektor ARD-Hauptstadtstudio
(geschäftsführendes Vorstandsmitglied)

Dr. Sabine Bergmann-Pohl,
Bundesministerin a. D., Präsidentin der
Volkskammer a. D.
(geschäftsführendes Vorstandsmitglied)

Dr. Andreas H. Apelt,
(Bevollmächtigter des Vorstandes)

Die Deutsche Gesellschaft e. V. ist der erste gesamtdeutsche Verein, der nach dem Fall der Mauer gegründet wurde. Seit unserer Gründung am 13. Januar 1990 setzen wir uns für Demokratie und Völkerverständigung ein. In Deutschland zählen wir zu den aktivsten Akteuren im Bereich der politischen und kulturellen Bildung. Zudem engagieren wir uns in vielen europäischen Ländern.

Unsere Bildungsangebote richten sich sowohl an Schülerinnen bzw. Schüler als auch an Erwachsene. Wir arbeiten eng mit Bundes- und Landesministern, der Bundeszentrale bzw. den Landeszentralen für politische Bildung, der Europäischen Kommission oder mit Stiftungen und Verbänden zusammen.

Gemeinsam mit diesen Kooperationspartnern veranstalten wir Konferenzen und Workshops, Vorträge und Schulungen oder Studienreisen und Austauschprogramme. Außerdem bieten wir Lesungen, Konzerte und Ausstellungen an. Mit wissenschaftlichen und populärwissenschaftlichen Veröffentlichungen beteiligen wir uns zudem an wichtigen gesellschaftlichen Debatten.

Bewerbungsunterlagen

Nicht aufgelistete Aussteller möchten keine Bewerbungsunterlagen entgegennehmen. Es findet in der Regel ein Online-Verfahren statt.

✔ Diese Messeaussteller nehmen auf der vocatium Kassel 2019 vollständige Bewerbungsunterlagen entgegen.

✘ Bewerbungen werden auf der vocatium Kassel 2019 nicht entgegengenommen. Die Aussteller sind aber gern bereit, Tipps und Anregungen zu mitgebrachten Unterlagen zu geben.

ALDI	✔
AOK – Die Gesundheitskasse in Hessen	✔
B. Braun Melsungen	✘
DEICHMANN	✔
Deutsche Rentenversicherung Hessen	✘
Dirk Rossmann	✔
Dr. Schumacher	✔
EDEKA Handelsgesellschaft Hessenring	✔
EF Autocenter Kassel	✔
Fielmann	✔
Finanzämter Kassel I und II	✔
Gebr. Bode	✔
Gesundheit Nordhessen	✔
H4 Hotel Kassel	✔
Handwerkskammer Kassel	✔
F. Hackländer	✔
Industrie- und Handelskammer Kassel-Marburg	✘
Kassel Marketing	✘
Kasseler Sparkasse	✘
KVV	✘
KASSELWASSER	✔
Leadec Industrial Services	✘
Lidl	✘
Management Services Helwig Schmitt	✔
Mecklenburgische Versicherungsgruppe	✔
Peek&Cloppenburg	✔
Polizeipräsidium Nordhessen	✔
quindata	✔
Raiffeisen Waren	✔
REWE Markt	✔
Schenker	✔
SMA Solar Technology	✘
Sozialversicherung für Landwirtschaft, Forsten und Gartenbau	✔
Steuerberaterkammer Hessen	✘
Technoform	✔
Volksbank Kassel Göttingen	✔
Volkswagen – Werk Kassel	✘
WIKUS-Sägenfabrik	✔
Wirtschaftsjunioren Kassel	✘

Stand Januar 2019 – Änderungen vorbehalten

Vortragsprogramm vocatium Kassel

Mittwoch, 12. Monat 2019

9.00 – 9.20 Uhr
Duales Studium im innovativen Modell der geteilten Woche. Jede Woche 20 Stunden studieren und arbeiten:
BWL, Sozialpädagogik & Management, Wirtschaftsingenieurwesen
Internationale Berufsakademie der F+U Unternehmensgruppe

9.40 – 10.00 Uhr
Ein Jahr für's Leben. Freiwilligendienste im In- und Ausland
Volunta - Deutsches Rotes Kreuz in Hessen

10.20 – 10.40 Uhr
Karriere geht auch ohne Studium!
Fielmann

11.00 – 11.20 Uhr
Traumstudium Psychologie – Bewerbung und Studieninhalte
Johannes Gutenberg-Universität Mainz (JGU)

11.20 – 11.40 Uhr
Traumstudium Medizin oder Zahnmedizin – Bewerbung und Studieninhalte
Johannes Gutenberg-Universität Mainz (JGU)

12.00 – 12.20 Uhr
Einstellungsvoraussetzungen und Testverfahren bei der Polizei Hessen
Polizeipräsidium Nordhessen

12.40 – 13.00 Uhr
Berufe am Boden, zu Wasser und in der Luft – militärische und zivile Berufsausbildung oder Studium bei der Bundeswehr
Bundeswehr

Donnerstag, 13. Monat 2019

9.40 – 10.00 Uhr
Berufe am Boden, zu Wasser und in der Luft - militärische und zivile Berufsausbildung oder Studium bei der Bundeswehr
Bundeswehr

10.20 – 10.40 Uhr
Karriere geht auch ohne Studium!
Fielmann

11.00 – 11.20 Uhr
Traumstudium Psychologie – Bewerbung und Studieninhalte
Johannes Gutenberg-Universität Mainz (JGU)

11.20 – 11.40 Uhr
Traumstudium Medizin oder Zahnmedizin – Bewerbung und Studieninhalte
Johannes Gutenberg-Universität Mainz (JGU)

12.00 – 12.20 Uhr
Einstellungsvoraussetzungen und Testverfahren bei der Polizei Hessen
Polizeipräsidium Nordhessen

12.20 - 12.40 Uhr
Duales Studium im innovativen Modell der geteilten Woche. Jede Woche 20 Stunden studieren und arbeiten:
BWL, Sozialpädagogik & Management, Wirtschaftsingenieurwesen
Internationale Berufsakademie der F+U Unternehmensgruppe

12.40 – 13.00 Uhr
Ein Jahr für's Leben. Freiwilligendienste im In- und Ausland
Volunta - Deutsches Rotes Kreuz in Hessen

Stand Januar 2019 – Änderungen vorbehalten

Welche Berufe und Studiengänge passen zu mir?

Was kann ich nur werden? Was kann ich besonders gut? Welcher Beruf passt zu mir und welche Voraussetzungen benötige ich dafür? Oder soll ich lieber studieren? Mit diesen und vielen weiteren Fragen solltest du dich beschäftigen, bevor du die Schule verlässt. Ein Online-Selbsttest ist der erste Schritt, um solche Fragen zu beantworten.

Nähere Informationen, Online-Tests zur Selbsteinschätzung sowie Übungsaufgaben zum Auswahlverfahren findest du unter den folgenden Links:

Online-Tests zur Berufswahl:
www.ausbildungs-und-berufswahltest.de
www.entdecker.biz-medien.de
www.planet-beruf.de
www.finest-jobs.com
www.jobs.zeit.de/campus/berufstest
www.arbeitsagentur.de/bildung/ausbildung/welche-berufe-passen
www.siemens.de/jona (nicht nur auf technische Berufe anwendbar)
www.öffentlicherdienst.de (Öffentlicher Dienst, Beamte)

Online-Studienberatungstests bzw. Online-Self-Assessments (OSA):
www.osa-portal.de (unabhängiges Vergleichsportal)
www.abitur-und-studium.de/Studienwahltest.aspx
www.borakel.de
www.studis-online.de/StudInfo/selbsttests.php
www.cct-germany.de (Test für Lehramtsinteressierte)

Kostenpflichtige Tests zur Berufs- und Studienwahl:
www.explorix.de (13,50 Euro)
www.geva-institut.de/beruf-karriere-tests.html (38,- Euro)

Eignungstest zu Talenten und Sozialkompetenzen:
www.uni-protokolle.de/eignungstest
www.testedich.de

Übungen zum Auswahlverfahren bzw. Einstellungstest:
www.focus.de/finanzen/karriere/bewerbung/einstellungstest
www.einstellungstest-fragen.de
www.ausbildungspark.com/einstellungstest
www.plakos.de

Für die Inhalte von externen Internetseiten wird keine Haftung übernommen.
Stand August 2018 – Änderungen vorbehalten

Teil I:

Beratungsinstitutionen / Verbände

Auf den folgenden Seiten sind die Ausbildungsberufe und (dualen) Studiengänge mit ihren vorausgesetzten Schulabschlüssen wie folgt gekennzeichnet:

* = Erster allgemeinbildender Schulabschluss (HS)
** = Mittlerer Schulabschluss (RS)
*** = Abitur

Bundesagentur für Arbeit

Agentur für Arbeit Kassel

Berufs
Informations
Zentrum

Wir suchen Sie!

Agentur für Arbeit Kassel
Grüner Weg 46
34117 Kassel

Hotline (kostenfrei): 0800 4 5555 00
E-Mail:
Kassel.Berufsberatung@arbeitsagentur.de

Ihr kompetenter Ansprechpartner:
Die Berufsberatung der Agentur für Arbeit

www.arbeitsagentur.de

Willkommen im BiZ

Ein Besuch im BiZ lohnt sich für alle, die vor der Berufswahl oder generell vor einer beruflichen Entscheidung stehen. Hier kann sich jeder über sämtliche Themen der Berufswelt selbst informieren. Auch die Online-Suche nach Ausbildungs- oder Arbeitsstellen sowie das Erstellen professioneller Bewerbungsunterlagen sind im Angebot.

DAS BiZ steht Ihnen zur Verfügung
- kostenlos
- ohne Voranmeldung
- im Rahmen der Öffnungszeiten
- so oft und solange Sie möchten

Berufsinformationszentrum (BiZ)
Grüner Weg 46
34117 Kassel

Öffnungszeiten:

Montag	08.00 - 12.30 Uhr
Dienstag	08.00 - 16.00 Uhr
Mittwoch	08.00 - 12.30 Uhr
Donnerstag	08.00 - 18.00 Uhr
Freitag	08.00 - 12.30 Uhr

Der Arbeitsmarkt stellt komplexe Anforderungen an Schul- und Studienabgänger. Bereits der erste Schritt an der Schwelle von Schule zum Beruf zählt, um eine kluge und vor allem eine reflektierte Berufswahl zu treffen. Sich bereits vorher gut und rechtzeitig zu informieren ist wichtig.

Die Vielfalt der Möglichkeiten erschwert die Orientierung und die Auswahl an reichlichen Angeboten bei den Ausbildungsberufen und der stetig wachsenden Anzahl an Studienmöglichkeiten. Umso wichtiger ist, dass die Beratung für die Berufswegeplanung neutral bleibt und sich auch an Neigungen und Interessen orientiert. Unsere Berufsberater/innen helfen Ihnen gern bei der Entscheidung, welcher Ausbildungsberuf oder welches Studium für Sie in Frage kommt. Auch die Frage, „Wie erlange ich außerhalb des Schulsystems einen Schulabschluss?“ kann besprochen werden. Die Experten/-innen unterstützen Sie bei der Berufswahl, halten weit gefächerte Informationen zu Bildungswegen und finanziellen Hilfen bereit und vermitteln Ausbildungsplätze. Außerhalb der Messe erreichen Sie uns zur Vereinbarung eines Termins unter den oben angegebenen Kontaktdaten.

Bundesamt
für Familie und
zivilgesellschaftliche Aufgaben

pflegeausbildung.net

Bundesamt für Familie und zivilgesellschaftliche Aufgaben
Referat 306 - Qualifizierung Pflegeberufe
Von-Gablenz-Straße 2 - 6
50679 Köln

Beratungsteam Pflegeausbildung
des Bundesamts für Familie und
zivilgesellschaftliche Aufgaben

Den jeweiligen Ansprechpartner für deine Region findest du unter:
www.pflegeausbildung.net/beratungsteam

BERATUNGSTEAM
PFLEGEAUSBILDUNG

Beratungsangebot:
Informationen zur Pflegeausbildung*/**/***

- Beratung zum neuen Pflegeberufegesetz
- Voraussetzungen der Altenpflegeausbildung
- Wahl des Ausbildungsplatzes und der Schule
- Inhalt und Durchführung der Ausbildung
- Förderung der Pflegeausbildung
- Fort- und Weiterbildungen, z. B. Studium
- Karriere in der Pflege

Moderne Pflegeausbildung

Die Pflege ist mit eine der größten Dienstleistungsbranchen in Deutschland. Mit der demografischen Entwicklung steigt der Bedarf an professioneller Pflege weiter. Die Pflege älterer Menschen wird also immer wichtiger.

Der Beruf ist spannend und abwechslungsreich. Er bietet viele Entwicklungschancen, wohnortnahe Arbeitsplätze und nicht zuletzt einen sicheren Arbeitsplatz.

Vorausgesetzt wird ein hohes Maß an Fach- und Sozialkompetenz, Selbstständigkeit, Verantwortungsbewusstsein und Teamgeist. Medizinische, psychologische und therapeutische Fähigkeiten sind ebenfalls gefragt.

Weitere Informationen und die Kontaktdaten unseres bundesweit tätigen Beratungsteams findest Du unter: **www.pflegeausbildung.net.**

Ihre Experten für
Garten & Landschaft

Natur und Technik kombinieren? Werde Landschaftsgärtner!

Fachverband Garten-, Landschafts- und Sportplatzbau Hessen-Thüringen e. V.
Max-Planck-Ring 37
65205 Wiesbaden

Ansprechpartner: Nils Oelkers
Tel.: 06122 931140
E-Mail: info@galabau-ht.de

www.galabau-ht.de

Ausbildung:
Gärtner/in*/**/***
(Fachrichtung Garten- und Landschaftsbau)

Duales Studium:
Landschaftsbau / Landschaftsarchitektur
(B. A. / M. A.)***

Weiterbildung:
Fachagrarwirt/in Baumpflege u. -sanierung
Greenkeeper/in (Golfplatzpflege)
Landschaftspfleger/in

Wir gestalten Hausgärten, bauen Wege und Terrassen, Carports und Schwimmteiche. Wir bringen Grün aufs Dach. In Parkanlagen und auf Spielplätzen, Schulhöfen, Sportplatz- und Golfanlagen fühlen wir uns richtig wohl.

Wir kennen uns mit Pflanzen aus. Wir wissen, wo Stauden und Gehölze optimal wachsen.

Moderne Maschinen und Geräte helfen uns bei schweren Aufgaben. Wir arbeiten gerne draußen für die Natur und eine grüne Umwelt – und das bei jedem Wetter.

Du bist auch lieber draußen in der Natur als am Schreibtisch? Suchst Abwechslung, hast Spaß am Gestalten und Lust, im Team richtig mit anzupacken? Dann bist Du bei uns genau richtig! Wir bilden aus und bieten Dir sichere Perspektiven für die Zukunft.

Deine Bewerbung mit letztem Schulzeugnis, Lebenslauf und Lichtbild richtest Du bitte direkt an unsere Mitgliedsbetriebe. Eine Liste mit den anerkannten Ausbildungsbetrieben erhältst du bei uns.

Wir freuen uns auf Deinen Besuch an unserem Stand auf der vocatium!

Handwerkskammer Kassel

Karriere in Handwerksberufen

Handwerkskammer Kassel
Scheidemannplatz 2
34117 Kassel

Tel.: 0561 7888-183
www.hwk-kassel.de

Ansprechpartnerin: Nicole Krispin
E-Mail: nicole.krispin@hwk-kassel.de

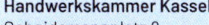

WWW.HANDWERK.DE
WWW.HWK-KASSEL.DE
Dass im Handwerk #EINFACHMACHEN gelebt wird, davon kannst du dich hier in mehr als 130 Ausbildungsberufen überzeugen.
DAS HANDWERK

Ausbildung:
Dachdecker/in*/**/***
Elektroniker/in*/**/***
Maurer/in*/**/***
Metallbauer/in*/**/***

Zuständige Stelle für 130 Ausbildungsberufe im Handwerk. Wir beraten Sie gerne über einzelne Berufe an unserem Stand.

Im Handwerk dreht sich alles um ein Thema: mit modernster Technik solide Arbeit für zufriedene Kunden erbringen. Dafür erwarten die Betriebe, die insgesamt 130 Berufe anbieten, handwerkliches Geschick und Spaß am Umgang mit Kunden. Ein kluges Köpfchen, mit Interesse an den Aufgaben, ist ebenfalls von Vorteil. Während der Ausbildung im Handwerk kann ein beruflicher Aufenthalt im europäischen Ausland oder eine Zusatzqualifikation absolviert werden. Das ist der Einstieg in die Karriere. Dem Handwerk steht die Welt offen!

Der Einstieg ins Handwerk wird mit einer Ausbildungsvergütung von 500 bis 1.000 € erfolgen, je nach Beruf. Die Regelausbildungszeit dauert 3 Jahre und kann sich aufgrund von Schulabschlüssen verkürzen.

Detaillierte Informationen über die Inhalte der Ausbildungsberufe sind unter #einfachmachen abzurufen. Hilfestellungen auf der Suche nach dem Praktikums- oder Ausbildungsplatz sind bei Frau Krispin einzuholen.

Bei uns zählt nicht, wo man herkommt, sondern wo man hin will!

Wir nehmen gern Ihre Bewerbungen entgegen.

Industrie- und Handelskammer
Kassel-Marburg

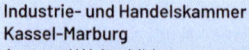

Ausbildung ist Zukunft

Industrie- und Handelskammer Kassel-Marburg
Aus- und Weiterbildung
Kurfürstenstraße 9
34117 Kassel

Tel.: 0561 7891-288
Fax: 0561 7891-290
E-Mail: bildungsberatung@kassel.ihk.de

www.ihk-kassel.de

Allgemeine Ausbildungsberatung:
- gewerblich-technischer Bereich*/**/***
- kaufmännischer Bereich*/**/***

Allgemeine Beratung:
- Rechte und Pflichten aus dem Ausbildungsverhältnis
- Verkürzung oder Verlängerung der Ausbildungszeit
- Berufsschulbesuch und Teilnahme an Ausbildungsmaßnahmen
- Anforderung zur Zulassung und Ablauf von Zwischen- und Abschlussprüfungen
- Fort- und Weiterbildungsmöglichkeiten, Förderungsvoraussetzungen

Der Trend zur dualen Berufsausbildung in Deutschland ist nach wie vor ungebrochen. Die Berufsausbildung wird in der Bundesrepublik Deutschland weitgehend im dualen System durchgeführt. Dies bedeutet, dass der Auszubildende die notwendigen Fertigkeiten und Kenntnisse einerseits in einem Ausbildungsbetrieb und andererseits in der Berufsschule erwirbt. Die beiden rechtlich voneinander unabhängigen Ausbildungsträger arbeiten mit dem gemeinsamen Ziel der beruflichen Qualifizierung von Jugendlichen zusammen.

Der Einsatz moderner Techniken in der Industrie wie im Dienstleistungssektor verändert die beruflichen Anforderungen. Neben dem Erwerb von Fachwissen sind der Umgang mit modernen Informations- und Kommunikationstechniken und die Arbeit im Team unerlässlich. Dies wird bei der praktischen Ausbildung von den meisten Firmen berücksichtigt. Die Inhalte vieler Berufsbilder werden diesen neuen Anforderungen und Techniken bereits angepasst und neue Ausbildungsberufe werden geschaffen. Selbst ohne Abitur oder Fachabitur kann die duale Ausbildung mit anschließender beruflicher Weiterbildung den Boden für ein Studium bereiten. Die Bedeutung einer dualen Ausbildung wird weiterhin stark an Gewichtung gewinnen. Auch ein duales Studium, das betriebliche Praxis und Hochschulstudium verbindet, ist eine weitere Möglichkeit, im facettenreichen Angebot der beruflichen Bildung. Bereits über 1.000 Unternehmen in Hessen bilden einen Teil ihres Nachwuchses im Rahmen dualer Studiengänge aus.

StBK Hessen
Steuerberaterkammer

Nachwuchs an die Steuer!

Steuerberaterkammer Hessen
Bleichstraße 1 · 60313 Frankfurt am Main

Tel.: 069 153002-15
www.stbk-hessen.de

Ansprechpartnerin: Melanie Wicht
E-Mail: melanie.wicht@stbk-hessen.de

Ausbildung:
Steuerfachangestellte/r*/**/***

Steuerfachangestellte sind die qualifizierten Mitarbeiter/innen in den Einzelpraxen und Gesellschaften der Steuerberater/innen. Sie unterstützen den Praxisinhaber bei der steuerlichen und betriebswirtschaftlichen Beratung der Mandanten aus Industrie, Handel, Handwerk, dem Dienstleistungsbereich sowie von Freiberuflern und Privatpersonen.

Der Beruf des Steuerfachangestellten bietet einen interessanten Arbeitsplatz mit vielfältigen Perspektiven. Die wesentlichen, die Arbeit des Steuerberaters unterstützenden Aufgaben sind:

- Erstellen der Finanzbuchführungen
- Erledigen der Lohn- und Gehaltsabrechnungen
- Vorbereiten von Jahresabschlüssen
- Bearbeiten von Steuererklärungen
- Prüfen von Steuerbescheiden
- Auskunft erteilen an Mandanten

Nach drei Jahren Berufstätigkeit als Steuerfachangestellte/r kann die Fortbildungsprüfung zum/zur **Steuerfachwirt/in** abgelegt werden. Nach insgesamt sieben Jahren Berufserfahrung auf dem Gebiet des Steuerwesens kann die **Steuerberaterprüfung** abgelegt werden.

Duales Studium:*
Hessenweit werden diverse (duale) Studienmöglichkeiten in Steuerlehre angeboten. Informieren Sie sich an unserem Messestand.

Weitere Informationen unter:
www.steuerfachausbildung.de

Aus- und Fortbildung beim Steuerberater – diese Rechnung geht für Sie auf:

Qualifizierter Schulabschluss
+ Interesse an Wirtschaft und Steuern
+ Kontaktfreude und Verantwortungsbewusstsein
+ 3 Jahre Ausbildungszeit
+ Abschlussprüfung
= **Steuerfachangestellte/r**

+ Motivation und Lernwille
+ 3 Jahre Berufspraxis
+ Fortbildungsprüfung
= **Steuerfachwirt/in**

+ Leistungsbereitschaft und Qualifikation
+ 4 Jahre Berufspraxis
+ Steuerberaterprüfung
= **Steuerberater/in**

Wenn Sie engagiert und zielorientiert sind, stehen Ihnen alle Möglichkeiten zur Aus- und Fortbildung offen.

Weitere Informationen unter:
www.stbk-hessen.de sowie
www.steuerfachausbildung.de.

Besuchen Sie unsere Ausbildungs-/Praktikumsbörse im Internet! Sie können dort auch kostenlos ein eigenes Stellengesuch aufgeben. Ganz einfach online.

WIRTSCHAFTSJUNIOREN
KASSEL

Wirtschaftsjunioren Kassel e. V.
Kurfürstenstraße 9
34117 Kassel

Tel.: 0561 7891330
E-Mail: info@wj-kassel.de

www.wj-kassel.de

Die Wirtschaftsjunioren bieten Dir auf der vocatium nach Anmeldung einen Check Deiner Bewerbungsmappe an.

Die Wirtschaftsjunioren Kassel sehen sich als Sprachrohr der jungen Wirtschaft Kassels. Wir stehen ein für unsere gesellschaftlichen, politischen und wirtschaftlichen Interessen in Nordhessen: für mehr Umwelt- und Ressourcenbewusstsein, eine verbesserte Bildungssituation und die Vereinbarkeit von Familie und Beruf. Durch ehrenamtliche Projekte fördern wir beispielsweise die Integration von Schülern und Gründern in bestehende Netzwerke, Gesellschaft und Unternehmen. Wir wollen junge Menschen befähigen, die Welt ein bisschen besser machen zu können.

Bundesweit bilden die Wirtschaftsjunioren mit rund 10.000 aktiven Mitgliedern den größten deutschen Verband von Selbstständigen, Unternehmern und Führungskräften unter 40 Jahren.

Was heißt eigentlich B. A., B. Sc. oder B. Eng.?

Die Abkürzungen stehen für die Art des Abschlusses, sprich den akademischen Grad, der beim Absolvieren eines Studiengangs erreicht wird. Die Abkürzungen bestehen aus zwei Teilen: B. steht für den akademischen Grad des Bachelors, A., Sc. oder Eng. für die jeweilige Studiengruppe/Studiengattung. Beispiele:

B. A.	**Bachelor of Arts** (Geistes-, Wirtschafts- und Sozialwissenschaften)
B. Sc.	**Bachelor of Science** (Naturwissenschaften)
B. Ed.	**Bachelor of Education** (Lehramtsstudium)
B. Eng.	**Bachelor of Engineering** (Ingenieurwissenschaften)
LL. B.	**Bachelor of Laws** (Rechtswissenschaften)
B. F. A.	**Bachelor of Fine Arts** (Studiengänge zur bildenden Kunst)
B. Mus.	**Bachelor of Music** (Musische Studiengänge)

Analog dazu bauen sich auch die Abkürzungen der Masterstudiengänge auf: M. A., M. Sc., M. Eng., LL. M. etc. Darüber hinaus gibt es noch den MBA, den Master of Business Administration für weiterbildende und nicht-konsekutive Masterstudiengänge. Nicht-konsekutiv ist ein Masterstudiengang dann, wenn es keine Rolle spielt, aus welchem Fach der zuvor absolvierte Studiengang stammt, da kein Vorwissen erforderlich ist.

Teil II:

Ausbildungsbetriebe

Auf den folgenden Seiten sind die Ausbildungsberufe und (dualen) Studiengänge mit ihren vorausgesetzten Schulabschlüssen wie folgt gekennzeichnet:

* = Erster allgemeinbildender Schulabschluss (ESA)
** = Mittlerer Schulabschluss (MSA)
*** = Abitur

Werde ein Teil von uns

AuE Kassel GmbH
Heichrich-Hertz-Str. 52
34123 Kassel

www.aue-kassel.de

Ansprechpartnerin: Lisa Flörke
Tel.: 0561-5895-143
Email: personal@aue-kassel.de

Ausbildung:
Industriemechaniker (m/w/d)**/***
Mechatroniker (m/w/d)**/***
Elektroniker
für Betriebstechnik (m/w/d)**/***
Technischer Produktdesigner (m/w/d)**/***
Industriekaufmann (m/w/d)***

Duales Studium:
Studium im Praxisverbund
- Maschinenbau (m/w/d)***
- Elektrotechnik (m/w/d)***
- Mechatronik (m/w/d)***

Bachelor-Studiengänge:
Studium mit vertiefter Praxis
- Maschinenbau (m/w/d)***
- Elektrotechnik (m/w/d)***
- Mechatronik (m/w/d)***

Praktika:	auf Anfrage
Jobs für Studierende:	auf Anfrage
Bachelor-/Masterarbeiten:	auf Anfrage

Die AuE Kassel GmbH blickt auf mehr als 30 Jahre Firmengeschichte zurück und hat sich in den letzten Jahren einen hervorragenden Ruf für Montagelinien für Achsen und Fahrwerkkomponenten im PKW und NKW-Bereich erarbeitet.

Wir beschäftigen derzeit über 190 Mitarbeiter/-innen. Konzeption, Hard- und Softwareentwicklung, Projektmanagement sowie Montage unserer Anlagen erfolgen zu 100 % im eigenen Haus bzw. in Kooperation mit Schwesterfirmen. Als Teil der Strama Group ermöglichen wir engagierten und motivierten Mitarbeitern Karrieremöglichkeiten rund um den Erdball.

Das beste Mittel zur Fachkräftesicherung ist und bleibt die eigene Lehrlingsausbildung. AuE hat dies seit langem erkannt und investiert deshalb seit 2006 viel in die Ausbildung und Förderung der Fachkräfte von morgen.

Was du mitbringen solltest: persönliches Engagement und die Begeisterung für innovative Technologien. Im Gegenzug bieten wir dir interessante Aufgabenstellungen und jede Menge Freiraum zur persönlichen Entfaltung.

Bundesagentur für Arbeit
Agentur für Arbeit Kassel

Wir suchen Sie!

Agentur für Arbeit Kassel
Interner Service Ausbildung
Grüner Weg 46
34117 Kassel

Tel.: 0561 701-1457 oder
0561 701-2862

Ansprechpartnerinnen:
Sandra Buondonno-Pfaffe und
Katrin Zeisler-Dixius

E-Mail:
Kassel.IS-Ausbildung@arbeitsagentur.de

Wir bilden aus!

Ausbildung:
Fachangestellte/r für Arbeitsmarktdienstleistungen**/***

Studium:
Arbeitsmarktmanagement (B. A.)***
Beratung für Bildung, Beruf
und Beschäftigung (B. A.)***

Informationen unter:
www.arbeitsagentur.de/karriere

Auskünfte über offene Ausbildungsstellen und Studienplätze erhalten Sie von Ihrer örtlichen Arbeitsagentur unter:
www.arbeitsagentur.de/kassel

Sprechen Sie mit unseren Beraterinnen und Beratern!

Sie sind kommunikations- und kontaktfähig, lernbereit, serviceorientiert, verantwortungsbewusst und verfügen über einen Realschulabschluss? Dann bewerben Sie sich für eine Ausbildung bei Ihrem zuständigen Internen Service der Agentur für Arbeit Kassel.

Wir bilden Sie in drei Jahren zum/r Fachangestellten für Arbeitsmarktdienstleistungen aus. Sie erlernen die rechtlichen Grundlagen zur Arbeitsmarktpolitik und zum Sozialversicherungsrecht sowie deren Anwendung.

Die praktische Ausbildung erfolgt vor Ort in den Agenturen für Arbeit (Bad Hersfeld-Fulda, Kassel, Korbach, Marburg) und wird ergänzt durch Lernmodule, Lehrgänge in unseren Bildungszentren und durch Berufsschulunterricht in Kassel.

Sofern Sie über die Fachhochschulreife oder die Allgemeine Hochschulreife verfügen, besteht die Möglichkeit, sich für einen Bachelorstudienplatz zu bewerben. Die Studientrimester finden an den Hochschulstandorten der Bundesagentur für Arbeit in Mannheim oder Schwerin statt und werden durch Praktikumstrimester in den örtlichen Agenturen für Arbeit ergänzt.

Junge Bewerber/innen mit Behinderungen sind in beiden Ausbildungswegen herzlich willkommen. Es erwarten Sie jeweils abwechslungsreiche und verantwortungsvolle Tätigkeiten, vielfältige Karrierechancen und Arbeitsbedingungen.
Bewerbungen nehmen wir ausschließlich online über das Karriereportal der Agentur entgegen:
www.arbeitsagentur.de/karriere

Unsere Ausbildung – für echte Kaufleute.

ALDI GmbH & Co. Kommanditgesellschaft
Grasweg 4
34346 Hann. Münden

Tel.: 05545 6090

www.aldi-nord.de
www.fuer-echte-kaufleute.de

Ansprechpartner: René Markowski
E-Mail: mun-bewerbung@aldi-nord.de

Beschäftigte: ca. 30.600 (in Deutschland)
Auszubildende: 30 pro Jahr (Standort Hann. Münden)

Ausbildung:
Kaufmann/-frau im Einzelhandel**/***
Verkäufer/in im Einzelhandel (zwei Jahre)*/**
Kaufmann/-frau für Büromanagement**/***
Handelsfachwirt/in***

Duales Studium:
Bachelor of Arts, BWL – Handel***

Master-Studiengang:
Internationales Handelsmanagement***

Praktika: ja

Unsere Mitarbeiter sind echte Kaufleute. Bei allem, was wir tun, orientieren wir uns an verbindlichen Werten: den traditionellen Werten der Kaufleute.

Im Umgang mit unseren Mitarbeitern, mit Kunden und Lieferanten setzen wir auf Respekt, Ehrlichkeit, Offenheit, Fairness und Verlässlichkeit. Bei allem, was wir tun, versprechen wir nie mehr, als wir halten können.

Wir halten, was wir versprechen: Verträge und Vereinbarungen werden zielorientiert und fair verhandelt. Statt auf kurzfristigen Gewinn setzen wir auf wirtschaftlich langfristige Erfolge.

Wir handeln nachhaltig und konsequent im Sinne unserer Kunden. In Sachen Qualität gehen wir keine Kompromisse ein. Erst muss das Produkt stimmen, dann der Preis. Das ist unser Verständnis von einem Vertrag unter echten Kaufleuten.

Deine Ausbildung kann der Startschuss für eine interessante Zukunft bei Aldi sein. Nach absolvierter Ausbildung bieten sich interessante Einsatz- und Entwicklungsmöglichkeiten, denn unsere Nachwuchsführungskräfte finden wir am liebsten im Unternehmen.

Ihr Start in die Zukunft mit der AOK Hessen

AOK Die Gesundheitskasse.

AOK – Die Gesundheitskasse in Hessen
Tel.: 06633 970253
E-Mail: Bewerbung@he.aok.de

aok.karriere.de

Beschäftigte: ca. 3.600
Auszubildende: 80
Studienplätze: ca. 20

Ausbildung:
Sozialversicherungsfachangestellte/r**/***

Duales Studium:
Betriebswirtschaft (B. A.)
- Krankenversicherungsmanagement***
(ausbildungsintegriert)

Weiterbildung:
Betriebswirtschaft (B. A.)
- Krankenversicherungsmanagement
(Voraussetzung: abgeschlossene Ausbildung zum/zur Sozialversicherungsfachangestellten)

Praktika: ja
Bachelor-/Masterarbeiten: ja

Sie sehen Ihren beruflichen Weg in einem großen und zukunftssicheren Unternehmen? Dann starten Sie Ihre Karriere bei einem fairen und zuverlässigen Arbeitgeber: der AOK Hessen! Als größter Krankenversicherer in Hessen sind wir an 53 Standorten für unsere Kundinnen und Kunden da.

Eine Ausbildung oder ein duales Studium bei der AOK Hessen ist die „Eintrittskarte“ zu vielen Aufgabenbereichen im Unternehmen: eine Qualifikation, mit der Ihnen alle Karriereebenen offenstehen. Wir fördern Ihre persönlichen Stärken und Potenziale und planen Ihre berufliche Entwicklung von Anfang an gemeinsam.

Unsere Auszubildenden und dualen Studenten erhalten eine überdurchschnittlich gute Ausbildungsvergütung, 30 Urlaubstage und selbstverständlich auch Urlaubs- und Weihnachtsgeld. Gleichzeitig bieten wir Ihnen flexible Arbeitszeiten und hilfsbereite Kollegen, mit denen Sie im Team arbeiten. Sie steigen schnell in die Praxis ein, beraten Kundinnen und Kunden in einem unserer Beratungscenter und erhalten detaillierte Einblicke in die verschiedenen Bereiche der AOK Hessen. Qualifizierte Ausbilderinnen und Ausbilder begleiten Sie während der gesamten Ausbildungszeit.

SHARING EXPERTISE

Willkommen in der Ausbildungswelt von B. Braun – gute Aussichten für deine Zukunft

B. Braun Melsungen AG
Ausbildungszentrum
Am Buschberg 1, Werk W
34212 Melsungen

Kontakt: berufsausbildung@bbraun.com
www.bbraun.de/karriere

Beschäftigte: über 60.000 in 64 Ländern
Auszubildende: pro Jahr ca. 120 (Melsungen)

Ausbildung:
Elektroniker/in für Geräte und Systeme**/***
Fachinformatiker/in
- Systemintegration***
- Anwendungsentwicklung***
Fachkraft für Lagerlogistik**/***
Fachlagerist/in*/**/***
Industrieelektriker/in*/**/***
Industriekaufmann/-frau***
Industriemechaniker/in**/***
Kaufmann/-frau im Groß- und Außenhandel***
Maschinen- und Anlagenführer/in*/**/***
Mechatroniker/in**/***
Pharmakant/in**/***
Verfahrensmechaniker/in*/**/***

Duale Studiengänge:
Betriebswirtschaftslehre
- Logistikmanagement***
- Wirtschaftsinformatik***
Business Administration***
Elektrotechnik***
Informatik***
Maschinenbau***
Pharmatechnik***
Wirtschaftsingenieurwesen (FR Maschinenbau)***

Bei B. Braun dreht sich alles um ein Thema: die Gesundheit. Unsere Mitarbeiter auf der ganzen Welt verfolgen ein gemeinsames Ziel: die Gesundheit von Menschen schützen und ihr Leben verbessern.

Werde ein Teil der großen B. Braun Welt.
Eine Ausbildung oder ein duales Studium bei uns bedeutet für dich:
- den Startschuss für den Weg in deine berufliche Zukunft
- intensive Vorbereitung auf das Berufsleben
- spannende Aufgaben in einem international tätigen Unternehmen zu übernehmen
- dass deine berufliche Entwicklung optimal gefördert wird

Mit einem umfassenden Angebot an Ausbildungsplätzen engagieren wir uns bei B. Braun seit vielen Jahren im Bereich der Ausbildung, denn die Ausbildung ist bei uns zentraler Bestandteil der Personalstrategie. Darum freuen wir uns, mit dir in einem persönlichen Gespräch über deine beruflichen Perspektiven und Pläne zu sprechen.

Bewerbungszeitraum für den Standort Melsungen:
01.07. – 30.09.2019
ein Jahr vor Ausbildungsbeginn.

BUNDESPOLIZEI

Die Bundespolizei sucht Menschen mit Teamgeist und Zivilcourage

Bundespolizeiakademie
Einstellungsberatung Fuldatal
Niedervellmarsche Straße 50
34233 Fuldatal

Ansprechpartner: Thomas Reinhardt

E-Mail: eb.fuldatal@polizei.bund.de
www.komm-zur-bundespolizei.de

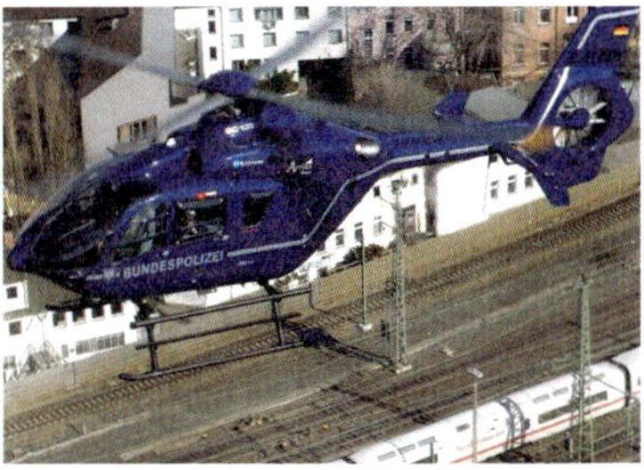

Ausbildung:
Polizeibeamter/-in
bei der Bundespolizei**/***

Sie sind an einem interessanten, vielseitigen, fordernden und krisensicheren Lebensberuf mit guten Aufstiegschancen interessiert, der bereits während der Ausbildung bzw. des Studiums gut vergütet wird? Sie besitzen Teamgeist, Zivilcourage, Entscheidungsvermögen, sind physisch und psychisch gut belastbar und bundesweit mobil? Dann könnten Sie bei uns richtig sein!

Die Bundespolizei bietet berufliche Laufbahnen in drei Richtungen:

Mittlerer Polizeivollzugsdienst:
- Schulische Voraussetzung: mittlerer Bildungsabschluss oder Hauptschulabschluss mit abgeschlossener Berufsausbildung.

Gehobener Polizeivollzugsdienst:
- Schulische Voraussetzung: allgemeine Hochschulreife oder Fachhochschulreife mit Studienberechtigung.

Höherer Polizeivollzugsdienst:
- Voraussetzung: abgeschlossenes Hochschulstudium.

Nach bestandener Laufbahnprüfung erfolgt im Regelfall die Übernahme in das Beamtenverhältnis auf Probe. Bei Bewährung in der Probezeit erfolgt die Übernahme in das Beamtenverhältnis auf Lebenszeit.

Praktische Internetadressen zur Ausbildungs- und (dualen) Studienwahl:

Hier findest du eine bundesweite Übersicht zu vielen verschiedenen Berufen, (dualen) Studiengängen und zum Freiwilligen Jahr. Außerdem stellen wir Internetseiten mit Bewerbungstipps und Fakten zur Arbeitsmarktentwicklung vor. So kannst du dir einen ersten nützlichen Überblick verschaffen.

Erste Orientierung:
www.berufenet.arbeitsagentur.de
www.handwerkskammer.de
www.berufskunde.de
www.planet-beruf.de

Ausbildungssuche und Lehrstellenbörse:
www.erfolg-im-beruf.de/ausbildung
www.bildungsserver.de
www.gesundheitsberufe.de
www.handwerk.de/lehrstellen
www.ihk-lehrstellenboerse.de
www.it-berufe.de
www.jobboerse.arbeitsagentur.de
www.karriere.de
www.meinestadt.de
www.ausbildung-me.de

(Duales) Studium:
www.check-wunschstudium.de
www.das-ranking.de
www.derberufsberater.de
www.hochschulkompass.de
www.hochschulstart.de
www.studi-info.de
www.studentenwerke.de
www.studieren.de
www.studienwahl.de
www.studis-online.de
www.bibb.de/ausbildungplus/de/index.php
www.wegweiser-duales-studium.de

Freiwilliges Jahr:
bundesfreiwilligendienst.de
www.pro-fsj.de (allgemein)
www.bufdi.eu
www.dsj.de (Sport)
www.foej.de (Ökologie)
www.fsjkultur.de (Kultur)
www.icja.de (Ausland)
www.oeko-jahr.de

Tipps zur Bewerbung:
www.bewerbung-tipps.com
www.jova-nova.com
www.karrierebibel.de
www.bewerbung.com
www.absolventa.de

Arbeitsmarktentwicklung und Statistik in verschiedenen Fachgebieten:
www.iab.de/de/daten/arbeitsmarktentwicklung.aspx
https://statistik.arbeitsagentur.de
https://www.bmas.de/DE/Themen/Arbeitsmarkt/Arbeitsmarktstatistiken/arbeitsmarkt-statistik.html

Für die Inhalte von externen Internetseiten wird keine Haftung übernommen.
Stand Oktober 2018 – Änderungen vorbehalten

Zivile Berufe in der Bundeswehrverwaltung

Bundeswehr

Karriereberatungsbüro der Bundeswehr Kassel
Ludwig-Mond-Straße 41
34121 Kassel

www.bundeswehrkarriere.de

Telefon: 0800 9800880
(bundesweit kostenfrei)

Ausbildung (u. a.):
Qualifizierte Ausbildung in mehr als 40 staatlich anerkannten Berufen.

Elektroniker/in
verschiedene Fachrichtungen*/**
Feinwerkmechaniker/in*/**
Industriemechaniker/in*/**
Kraftfahrzeugmechatroniker/in*/**
Medizinische/r Fachangestellte/r*/**
Verwaltungsfachangestellte/r*/**

Mittlerer Dienst (u. a.):
Technische Beamte**
Nichttechnische Beamte**
Verwaltungswirtschaft**
Naturwissenschaftlicher Dienst**
Fernmelde- und elektronische Aufklärung**
Maschinenbau Fachrichtung Feuerwehr**

Gehobener Dienst (u. a.):
Studium (Bachelor/Master), FH-Studium

Technische Beamte***
Nichttechnische Beamte***
Verwaltungswirtschaft***
Naturwissenschaftlicher Dienst***
Bachelorstudium im technischen Bereich***
Maschinenbau Fachrichtung Feuerwehr***
Informationstechnik***

Den aktuellen Bewerbungsschluss für eine zivile Laufbahn/Einstellung erfragen Sie bitte beim Standpersonal vor Ort oder in einem Karriereberatungsbüro in Ihrer Nähe.

Die Bundeswehr besteht neben Soldatinnen und Soldaten auch aus zivilen Mitarbeiterinnen und Mitarbeitern der Bundeswehrverwaltung. Die Arbeitnehmerinnen und Arbeitnehmer sowie Beamtinnen und Beamte der Bundeswehrverwaltung sind dabei in den unterschiedlichsten Aufgabenbereichen im technischen und nichttechnischen Verwaltungsdienst, im Inland wie auch im Ausland tätig. Für diese anspruchsvollen Aufgaben sucht die Bundeswehrverwaltung ständig qualifizierten und motivierten Nachwuchs.

Hier bieten wir Ihnen hochwertige Ausbildungen in mehr als 40 staatlich anerkannten Berufen und in verschiedenen Beamtenlaufbahnen. Diese können in zahlreichen Ausbildungsstätten, wie Fachhochschulen und eigens für die Ausbildung von technischen Berufen eingerichteten Werkstätten, in ganz Deutschland absolviert werden.

Karriereberatung der Bundeswehr Kassel
Ludwig-Mond-Straße 41
34121 Kassel

www.bundeswehrkarriere.de
Telefon: 0800 9800880
(bundesweit kostenfrei)

Über unsere Karriere-Hotline erreichen Sie Ihre örtlich zuständige Karriereberatung der Bundeswehr. Alternativ wenden Sie sich bitte an das Standpersonal der Bundeswehr hier vor Ort.

Sie verfügen über gute schulische Leistungen, sind körperlich fit, teamfähig und suchen einen interessanten und vielseitigen Beruf? Sie können sich eine Karriere bei der Bundeswehr vorstellen? Dann informieren Sie sich über das umfangreiche und vielfältige Ausbildungs-, Weiterbildungs- und Studienangebot bei der Bundeswehr!

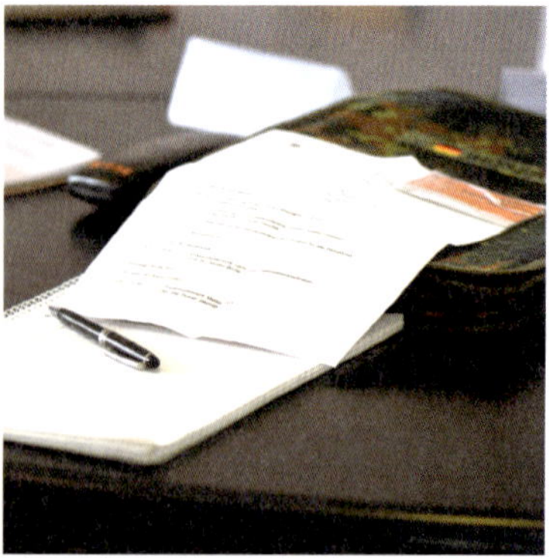

Militärische Karriere: Offiziere

Die Soldatinnen und Soldaten der Laufbahn der Offiziere sind Führungskräfte, die als Vorgesetzte oder auch als Spezialisten in den verschiedensten Tätigkeitsfeldern eingesetzt werden. Dieser Beruf bietet Herausforderungen, Chancen und Möglichkeiten, die weit über das Angebot der Wirtschaft hinausgehen. Bei einer Verpflichtungszeit von 13 Jahren ist ein vierjähriges Studium in einem der über 30 verschiedenen Studiengänge an einer der beiden Universitäten der Bundeswehr in München oder Hamburg Bestandteil der Ausbildung. Während dieses Studiums werden unter anderem die Gehaltszahlungen fortgeführt und die kostenfreie medizinische Versorgung sichergestellt. Ganz ähnlich sieht es für die Angehörigen des Sanitätsdienstes aus. Sie absolvieren ein Medizinstudium an einer zivilen Universität und werden anschließend bei einer Verpflichtungszeit von 17 bis 19 Jahren als Ärztin/Arzt der Human-, Veterinär-, Zahnmedizin oder in der Pharmazie bei der Bundeswehr eingesetzt. Wer sich den Traum vom Fliegen ermöglichen möchte und dafür das anspruchsvolle Eignungsverfahren besteht, wird bei einer Verpflichtungszeit von 16 Jahren zur Pilotin/zum Piloten ausgebildet. Und auch hier wird in der Regel ein Studium angeboten bzw. angestrebt.

Feldwebel

Die Laufbahn der Feldwebel bietet eine Alternative zum Studium. Sie wird grob in zwei Gruppen unterschieden. Die Feldwebel des Truppendienstes übernehmen bei einer Verpflichtungszeit von 12 Jahren Verantwortung und besitzen die notwendigen Qualitäten, unterstellte Soldatinnen und Soldaten zu führen und auszubilden. Die Feldwebel des Fachdienstes hingegen sind ausgewiesene Experten einer zivilberuflichen Fachqualifikation in Kombination mit den Herausforderungen des Soldatenberufs. Kontinuierliche Erweiterung und Vertiefung ihrer Kenntnisse und Fähigkeiten sind Bestandteile dieser fachbezogenen Qualifizierung bis hin zur zivil anerkannten Meisterebene. Bei einer Verpflichtungszeit von 13 Jahren werden diese Fachkräfte in einem von etwa 50 Berufsbildern – aufbauend auf einer Facharbeiterausbildung – zur Meisterqualifikation gefördert und ausgebildet. Diese Laufbahn ist bereits mit einem Realschulabschluss erreichbar. Im allgemeinen Fachdienst ermöglicht eine abgeschlossene Berufsausbildung den Einstieg mit einem höheren Dienstgrad. Aufgrund der Vielzahl der Feldwebellaufbahnen in den Streitkräften sind grundsätzlich auch andere, kürzere Verpflichtungszeiten sowie Verlängerungen auf bis zu 25 Jahre möglich.

Unteroffizier

Soldatinnen und Soldaten, die sich in ihrer beruflichen Qualifikation auf der Gesellen-/Facharbeiterebene befinden, sind Angehörige der Laufbahn der Unteroffiziere des Fachdienstes. Neben einer militärischen Basisausbildung steht auch hier die Tätigkeit in den vielfältigsten Berufsfeldern im Vordergrund. Die Verpflichtungszeit von neun Jahren sieht unter Umständen auch eine vollwertige Ausbildung in einem der etwa 50 verschiedenen Berufe vor.

Eine weitere Möglichkeit ist der **Freiwillige Wehrdienst**. Dieser bietet die Möglichkeit, den Arbeitgeber Bundeswehr kennenzulernen. Der Zeitraum reicht von 7 bis zu 23 Monaten. Frauen werden bei gleicher Eignung und Leistung bevorzugt eingestellt.

DAIMLER

Von Anfang an – mittendrin

Daimler AG – Werk Kassel
Aus- und Weiterbildung
Hauspostcode: 861 A
Mercedesplatz 1
34127 Kassel

Tel.: 0561 8022079
www.daimler.com/Karriere

Ansprechpartnerin: Lisa Schäfers
E-Mail: ausbildung.kassel@daimler.com

Beschäftigte: ca. 3.000
Auszubildende: 48 pro Jahr

Ausbildung:
Fertigungsmechaniker/in*/**
Mechatroniker/in*/**
Zerspanungsmechaniker/in*/**

Duales Studium:
Maschinenbau***
Wirtschaftsingenieurwesen***

Praktika: Schüler*innen und FOS-Praktika

Wir freuen uns auch über Bewerbungen von Menschen mit Behinderungen. Grundsätzlich akzeptieren wir nur noch Online-Bewerbungen.

Sie werden 2020 Ihren Schulabschluss erfolgreich meistern oder haben ihn bereits in der Tasche? Dann freuen wir uns, Sie auf der Vocatium 2019 in Kassel kennen zu lernen! Als einer der größten Ausbildungsbetriebe Deutschlands, mit zahlreichen Standorten, bieten wir beste Voraussetzungen für den Start in viele interessante Ausbildungsberufe.

Wir bereiten Sie in jeder Phase Ihrer Ausbildung optimal und individuell auf Ihren Berufsweg vor. Dabei gehören Theorie und Praxis von Anfang an zusammen: Vom Start weg arbeiten Sie mittendrin in Ihrem Ausbildungsbereich und können so schnell Erfahrungen sammeln. Mit konkreten Themen aus dem Betrieb, mit Projekten und in betrieblichen Seminaren vermitteln wir Ihnen das fachliche Können ebenso wie methodische, soziale und persönliche Fähigkeiten, kurzum:

Wir unterstützen Sie in der Entfaltung Ihrer Fähigkeiten und fördern Sie auch in Ihrer beruflichen Weiterbildung.

Sie haben in der Schule gute Leistungen erbracht, sind motiviert, teamfähig und zeigen zugleich ein hohes Maß an Eigeninitiative? Dann besuchen Sie uns auf der vocatium 2019. Wir freuen uns auf Sie!

Ihr Berufseinstieg mit Aufstiegschancen!

DEICHMANN SE
Deichmannweg 9
45359 Essen

deichmann-karriere.de

DEICHMANN SE
Region Mitte
Obere Königstraße 47 a
34117 Kassel

Ansprechpartnerin: Ilknur Sanri
E-Mail: ilknur_sanri@deichmann.com

Beschäftigte: 39.000 weltweit

Ausbildung:
Handelsfachwirt (m/w)***
Kaufmann im Einzelhandel (m/w)**/***
Verkäufer (m/w)*/**/***

Praktika: ja

Bewerbungen und weitere Infos unter:
deichmann-karriere.de

Als eigenfinanziertes Familienunternehmen sind wir mehr als nur ein 3.900 Standorte umspannendes Filialnetz in 26 Ländern, mehr als 5 Mrd. Euro Jahresumsatz und mehr als einer der erfolgreichsten Online-Shops für Schuhe in Europa. Deichmann ist Wegbereiter, Förderer und Arbeitgeber von über 39.000 engagierten Mitarbeiterinnen und Mitarbeitern weltweit. Mit einer Ausbildung bei uns starten Sie in Ihre Zukunft bei Europas Schuhhändler Nr. 1! In unseren Filialen bieten wir folgende Ausbildungen an:

Ausbildung zum Verkäufer (m/w) und Kaufmann im Einzelhandel (m/w):

Heute Azubi, und danach noch weiter? Egal ob Sie Ihre Zukunft als Verkäufer sehen oder bei uns weiter Karriere machen wollen: Wir bereiten Sie perfekt darauf vor.

Ausbildung zum Handelsfachwirt (m/w):

Mit unserer integrierten Ausbildung für Abiturienten erlangen Sie betriebswirtschaftliches Fachwissen, das Sie direkt bei Ihrer Arbeit in der Filiale umsetzen – und können schnell bei uns weiterkommen.

Sie gehen offen auf Menschen zu und kennen die neuesten Trends? Sie zeigen Einsatz und Ehrgeiz? Dann bewerben Sie sich bevorzugt online auf deichmann-karriere.de oder direkt an unserem Messestand.

Deutsche Bahn AG

Du interessierst Dich für eine Ausbildung bei der Deutschen Bahn? Dann bewirb Dich jetzt online!

www.deutschebahn.com/karriere

Unser Ausbildungsangebot in der Region:
Elektroniker für Betriebstechnik (w/m/d)
Fahrdienstleiter (w/m/d)
Industriemechaniker (w/m/d)
IT-Systemelektroniker (w/m/d)
Kaufmann für Verkehrsservice (w/m/d)
Lokrangierführer/Lokführer (w/m/d)
Mechatroniker (w/m/d)
Tiefbaufacharbeiter/Gleisbauer (w/m/d)

Duales Studium:
Bahningenieurwesen (B. Eng.)
Produktionstechnik (B. Eng.)

Azubi bei der Deutschen Bahn – Warum es sich lohnt, bei uns einzusteigen!

Du stehst vor Deinem Schulabschluss? Du suchst nach einer interessanten Zukunftsperspektive? Zum Ende der Schulzeit stellt sich für jeden die Frage: Welcher Beruf passt zu mir und welche Anforderungen stellt er an mich? Du bist ein Tüftler? Du hast Interesse an Technik und möchtest das weiterentwickeln? Du kannst gut rechnen? Deine Freunde schätzen Dich als Gastgeber, Berater oder Organisator? Du liebst es, neue Seiten Deines PCs kennenzulernen, und suchst die Herausforderung digitaler Systeme? Du möchtest gerne Menschen miteinander verbinden?

Ob Verkehrsberufe, gewerblich-technische Berufe, kaufmännisch-serviceorientierte Berufe oder IT-Berufe: Diese Vielseitigkeit bieten nur wenige Ausbilder in Deutschland. Wir haben das Angebot, Du wählst Deinen Einstieg. So gestalten wir gemeinsam erfolgreich Deine Zukunft.

Wir suchen jedes Jahr deutschlandweit über 3.000 begeisterte Auszubildende für 50 Berufe. Egal welchen Hintergrund Du hast, hier kannst Du einsteigen, umsteigen, aufsteigen. Hier ist Dein Beitrag wichtig. Hier bist Du wichtig.

Willkommen, Du passt zu uns.

Deutsche Rentenversicherung

Hessen

Zukunft geht nur mit Dir! Der Berufseinstieg für Deinen sicheren Weg.

Deutsche Rentenversicherung Hessen
Städelstraße 28
60596 Frankfurt

Tel.: 069 6052-2558
www.ausbildung-drv-hessen.de

Ansprechpartnerin: Myriam Rieger
E-Mail: BeruflicheBildung@drv-hessen.de

Beschäftigte: 2.543
Auszubildende und Studierende: 150

Ausbildung:
Sozialversicherungsfachangestellte/r**/***

Duales Studium:
Sozialverwaltung-Rentenversicherung - Gehobene Beamtenlaufbahn (LL. B.)***

Schülerpraktika: auf Anfrage

Die Deutsche Rentenversicherung Hessen ist der größte Sozialversicherungsträger in Hessen und betreut rund 2,1 Millionen Versicherte, 578.200 Rentnerinnen und Rentner sowie über 100.000 Arbeitgeber.

Für das Einstellungsjahr 2020 bieten wir mit einer praxisorientierten Ausbildung und einem dualem Studium einen perfekten Start ins Berufsleben: Zum 01.08.2020 stellen wir Ausbildungsplätze für Sozialversicherungsfachangestellte und zum 01.09.2020 Studienplätze zum Bachelor of Laws im Bereich Sozialverwaltung – Rentenversicherung (gehobene Beamtenlaufbahn) zur Verfügung.

Wir suchen junge Menschen, die gerne mit Gesetzen und Zahlen arbeiten und die auch nach der Ausbildung bereit sind, sich weiterzubilden. Die Auszubildenden/Studierenden werden von speziell geschulten Ausbilderinnen und Ausbildern unterstützt. Mit Lehrgängen und dem Wechsel zwischen Fachhochschule oder Berufsschule und regelmäßigen Praktikumsphasen wird eine ideale Verzahnung des theoretischen Wissens und der praktischen Arbeit gewährleistet.

Zertifikat seit 2009
audit berufundfamilie

Ausbildungsbetriebe

Weil der Himmel uns braucht

DFS Deutsche Flugsicherung

DFS Deutsche Flugsicherung GmbH
Am DFS-Campus 4
63225 Langen

Tel.: 06103 707-5155
www.karriere.dfs.de

Ansprechpartner:
Team Bewerbermanagement
E-Mail: lotsenausbildung@dfs.de

Beschäftigte: ca. 5.500
Auszubildende: 150

Ausbildung:
Fluglotse/Fluglotsin***
Kaufmann/-frau für Büromanagement**/***

Duales Studium:
Air Traffic Management + Ausbildung zum/zur Fluglotsen/Fluglotsin***
Informatik***
Luftfahrtsystemtechnik & -management***
Luftverkehrsmanagement***

Praktika: ja
Jobs für Studierende: ja
Bachelor-/Masterarbeiten: ja

Für einen reibungslosen Flugverkehr in Deutschland braucht es Profis, die den Überblick behalten. Denn Luftfahrt bedeutet mehr, als nur von A nach B zu kommen – es geht um die Sicherheit im deutschen Luftraum. Dafür steht die DFS Deutsche Flugsicherung: Mit unseren Mitarbeiterinnen und Mitarbeitern schaffen wir Sicherheit – sowohl in der Luft als auch auf den Start-, Lande- und Rollbahnen eines Flughafens.

Wir bieten anspruchsvolle Tätigkeiten für all jene, die sich für die Luftfahrt begeistern und die Zukunft des Luftverkehrs aktiv mitgestalten möchten. Dafür brauchen wir kreative Köpfe, die ebenso zielstrebig wie besonnen zu Werke gehen.

Unsere Arbeitswelt ist der deutsche Luftraum, einer der verkehrsreichsten der Welt. Aufgabe der DFS ist es, für eine sichere und störungsfreie Kontrolle des Flugverkehrs zu sorgen. Dabei setzen wir auf moderne Flugsicherungssysteme und eine hochkomplexe Technik, die von unseren Ingenieuren instand gehalten und zum Teil auch selbst entwickelt wird.

ROSSMANN
Mein Drogeriemarkt

ROSSMANN. Hier kriegst du was geboten

Dirk Rossmann GmbH
Personalabteilung
Isernhägener Straße 16
30938 Burgwedel

Weitere Infos auf:
www.rossmann.de/ausbildung

Jetzt bewerben!

Beschäftigte: 54.500
Auszubildende: ca. 700 pro Jahr

Ausbildung in unseren Filialen:
Kaufmann/-frau im Einzelhandel*/**/***

Ausbildung in der Logistik:
Berufskraftfahrer/in*/**
Fachkraft für Lagerlogistik*/**
Fachlagerist/in*/**

Schülerpraktika: ja

Wer bei uns arbeitet, kennt sich aus. Mit Pflegeprodukten, Schönheit und Ernährung, mit allen Aspekten eines modernen Haushalts, mit Gesundheit, Hygiene und Technik. Oder in einem Satz: mit so ziemlich allen Lebensbereichen.

ROSSMANN ist nicht nur der Start in den Beruf, es ist auch die Chance, mutig Dinge in die Tat umzusetzen und selbstständiges Handeln zu lernen. Das ist noch ein bisschen mehr als ein erfolgreicher Abschluss. Diese Erfahrung prägt ein ganzes Leben.

Neugierig geworden? Schau einfach an unserem Messestand vorbei!

Deine Ausbildung – viele Möglichkeiten

Dr. Schumacher GmbH
Am Roggenfeld 3
34323 Malsfeld

Tel.: 05664 9496-1602
www.schumacher-online.com

Ansprechpartnerin: Sara von Garssen
E-Mail:
sara.vongarssen@schumacher-online.com

Beschäftigte: ca. 1.500
Auszubildende: ca. 12 pro Jahr

Ausbildung:
Fachinformatiker/in Systemintegration***
Fachkraft für Lagerlogistik*/**
Industriekaufmann/-frau***
Jahrespraktikum Fachoberschule**
Kaufmann/-frau für Büromanagement**/***
Kaufmann/-frau im Groß- und Außenhandel***
Mediengestalter/in***

Duales Studium:
Business Administration (B. A.)***
International Management and Engineering (B. Sc.)***

Praktika: ja
Jobs für Studierende: ja
Bachelor-/Masterarbeiten: ja

Wir sind seit fast 40 Jahren ein international erfolgreicher Spezialist in der Entwicklung und Herstellung von Desinfektions-, Reinigungs- und Pflegeprodukten. Mehr als 300 Mitarbeiter in Malsfeld und insgesamt fast 1.500 Mitarbeiter an acht europäischen Standorten entwickeln, produzieren und vertreiben diese Artikel.

Zum Beispiel Desinfektionsmittel für unterwegs oder Feuchttücher für Haushalt, Kosmetik und vieles mehr. Oder im medizinischen Bereich in Krankenhäusern, Arztpraxen und Pflegeheimen: also überall da, wo hygienische Sauberkeit besonders wichtig ist.

Als weltweit tätiges Unternehmen bieten wir vom Jahrespraktikum über eine in der Regel drei Jahre dauernde Ausbildung in verschiedenen Berufsfeldern bis hin zum dualen Studiengang vielfältige Einstiegsmöglichkeiten ins Berufsleben an. Darüber hinaus machen Dich Schulungen und Fortbildungen fit für Deine zukünftigen Aufgaben.

Starte Deine Karriere bei uns!
www.schumacher-online.com
facebook.com/dr.schumacher.azubis

ENERGIE AUS DER MITTE

Die EAM – ein Arbeitgeber mit Zukunft

EAM GmbH & Co. KG
Johann-Siegmund-Schuckert-Straße 2
34225 Baunatal

Tel.: 0561 933-1500

Ansprechpartnerin:
Leiterin der Aus- und Weiterbildung
Beate Lopatta-Lazar
E-Mail:
Beate.Lopatta-Lazar@EnergieNetz-Mitte.de
www.EAM.de/ueber-uns/ausbildung

Beschäftigte: 1.220
Auszubildende: ca. 80

Ausbildung:
Elektroniker/in für Betriebstechnik*/**/***
Industriekaufmann/-frau**/***

Duales Studium:
Elektrotechnik (B. Sc.)***
Wirtschaftsinformatik (B. Sc.)***

Praktika: ja
Jobs für Studierende: ja
Bachelor-/Masterarbeiten: ja

Die EAM – Energie aus der Mitte – verweist mit diesem Motto auf das Leistungsspektrum des Unternehmens im Bereich der Energieversorgung und verdeutlicht zugleich den traditionellen Bezug zur Region in der Mitte Deutschlands. Hier sorgt die EAM gemeinsam mit ihren Tochtergesellschaften seit fast 90 Jahren für eine sichere und zuverlässige Energieversorgung von rund 1,3 Millionen Menschen. Das EAM-Geschäftsgebiet erstreckt sich über weite Teile Hessens sowie über Südniedersachsen und Teile von Nordrhein-Westfalen, Thüringen und Rheinland-Pfalz. Die EAM ist ein zu 100 Prozent kommunales Unternehmen.

Um eine stets zuverlässige Energieversorgung gewährleisten zu können, sind hoch qualifizierte Mitarbeiterinnen und Mitarbeiter rund um die Uhr im Einsatz: Die EAM-Gruppe beschäftigt insgesamt rund 1.220 Mitarbeiter, davon rund 80 Auszubildende an 21 Standorten. Die Ausbildung nimmt traditionell einen hohen Stellenwert im Unternehmen ein. Mehr als 2.000 junge Menschen wurden seit Gründung der EAM bereits in der Region ausgebildet.

EDEKA
Handelsgesellschaft Hessenring mbH
Abteilung Bildungswesen
Industriegebiet Pfieffewiesen
34212 Melsungen

Tel.: 05661 72-425
ausbildung.edeka.de

Ansprechpartnerin: Petra Wenzel
E-Mail:
azubibewerbungen.hessenring@edeka.de

Beschäftigte: ca. 8.500
Auszubildende: pro Jahr 320

Ausbildung am Standort Melsungen:
Berufskraftfahrer/in*/**
Fachinformatiker/in**/***
Fachlagerist/in*/**
IT-Kaufmann/-frau**/***
Kaufmann/-frau
im Groß- und Außenhandel**/***
KfZ-Mechatroniker/in**

Ausbildung im Markt:
Fachverkäufer/-in Lebensmittelhandwerk
Fachrichtung Fleisch*/**
Fleischer/in*/**
Frischespezialist/in IHK**/***
Kaufmann/-frau im Einzelhandel**/***
Verkäufer/in*/**

Abiturientenprogramm EDEKA:
Handelsfachwirt/in integriert IHK***
3 Abschlüsse in 36 Monaten: KiEH, HFW, AdA

Praktika: ja
Jobs für Studierende: ja

Heute im Angebot: Zukunft

EDEKA setzt auf Vielfalt – sowohl im Angebot der Waren als auch im Angebot der zu erlernenden Berufe und in der Zusammensetzung unserer Mannschaft. Und damit wir weiter erfolgreich sind, setzt EDEKA vor allem auf dich. Wir fördern dich und im Gegenzug hilfst du uns, indem du dazu beiträgst, dass wir auch in Zukunft erfolgreich sind.

Du kennst ja unsere Märkte bisher nur von innen oder aus der TV-Werbung. Hinter den „Kulissen“ laufen allerdings Tausende spannende Prozesse ab. Bei uns kannst und sollst du schnell Verantwortung übernehmen, musst aber nicht alle Probleme dieser Welt alleine schultern. Wir sind ein Team und machen das zusammen.

Das bieten wir:

- Ausbildung mit Zukunft,
- Förderung von Anfang an,
- interessante und abwechslungsreiche Tätigkeiten,
- sicherer Arbeitsplatz,
- gute Übernahmechancen und Karriereperspektiven,
- Arbeiten in einem tollem Team.

Weitere Infos und Karrierechancen im Netz unter:
www.ausbildung.edeka.de

EF Autocenter Kassel

EF Autocenter Kassel GmbH
Sandershäuser Straße 101 - 110
34123 Kassel

Tel.: 0561 5000-218
www.ef-autocenter.de

Ansprechpartnerin: Frau Degenhardt
E-Mail: nadja.degenhardt@ef-autocenter.de

Bewerbungen ausschließlich online unter:
www.emilfrey.de

Auszubildende 39

Technische Ausbildungsberufe:
Kfz-Mechatroniker/in (Schwerpunkt: System- und Hochvolttechnik)*/**

Kaufmännische Ausbildungsberufe:
Automobilkaufmann/-frau**/***
Kaufmann/-frau für Büromanagement**/***

Praktika: ja
Bachelor-/Masterarbeiten: ja

Das größte Kapital bilden unsere Mitarbeiter

Die Emil Frey Gruppe Deutschland bietet innerhalb der Automobilbranche eine einzigartige Angebotspalette an 89 Standorten bundesweit. Sie agiert als Automobilhändler für 24 exklusiv geführte Marken und ist Importeur der Fahrzeugmarken Subaru und Mitsubishi. Der Großhandel mit Teilen und Zubehör sowie Logistik- und Finanzdienstleistungen runden das Portfolio der Unternehmensgruppe ab.

Die wichtige Stellung der Mitarbeitenden in der Emil Frey Gruppe Deutschland hat seit jeher Tradition. Mit ihrem Fachwissen, ihren Ideen und ihrem Engagement tragen sie maßgeblich zum Unternehmenserfolg bei. Auch die Nachwuchsförderung ist ein wesentlicher Bestandteil der nachhaltigen Unternehmenspolitik und daher bietet die Gruppe jährlich einer Vielzahl junger Menschen eine Ausbildungsstelle.

Als Unternehmen der Emil Frey Gruppe Deutschland ist die EF Autocenter Kassel GmbH den gleichen Werten verpflichtet und bildet in unterschiedlichen technischen und kaufmännischen Berufen aus. Die EF Autocenter Kassel GmbH ist der Spezialist für die Marken Mercedes-Benz, smart und Setra in Kassel und Göttingen.

fielmann

Ausbildung: Fielmann.

Fielmann AG
Weidestraße 118 a
22083 Hamburg

Tel.: 0800 2435437

E-Mail: ausbildung@fielmann.com

www.fielmann.com/karriere
www.optiker-werden.de

Ansprechpartner:
Bewerberservice Ausbildung

Beschäftigte: über 18.000
Auszubildende: mehr als 3.000

Ausbildung:
Augenoptiker/in**/***
Hörakustiker/in**/***
Kaufmann/-frau
im Groß- und Außenhandel**/***

Duales Studium:
Angewandte Informatik (B. Sc.)***
Betriebswirtschaftslehre (B. Sc.)***
Wirtschaftsinformatik (B. Sc.)***

Praktika: ja

Mit mehr als 700 Niederlassungen und über 18.000 Mitarbeiterinnen und Mitarbeitern ist Fielmann Marktführer der deutschen Augenoptik und größter Ausbilder der Branche.

Neben Brillen, Sonnenbrillen und Kontaktlinsen bieten wir in mehr als 180 Niederlassungen deutschlandweit zudem eine große Auswahl moderner Hörsysteme.

Eine Ausbildung bei Fielmann garantiert Ihnen einen sicheren Arbeitsplatz und spannende Herausforderungen.

Es lohnt sich zu Fielmann zu kommen. Fielmann bietet Ihnen:

- einen abwechslungsreichen Beruf
- die beste Ausbildung der Branche
- eine hervorragende Ausbildungsvergütung
- Prämien für überdurchschnittliche Leistungen
- zwei kostenlose Brillen pro Jahr
- vergünstigte Mitarbeiteraktien
- zahlreiche Weiterbildungsmöglichkeiten
- eine Übernahmegarantie bei guten Leistungen

Sie begeistern sich für Fielmann? Dann bewerben Sie sich noch heute bei uns.

Duales Studium oder Ausbildung in der Hessischen Finanzverwaltung

Finanzämter
Kassel I und II – Hofgeismar
Altmarkt 1
34125 Kassel

www.finanzverwaltung-mein-job.hessen.de

Ansprechpartner/in:
Finanzamt Kassel I
Tobias Wagener
Tel.: 0561 7208-1011

Selina Kleinhans
Tel.: 0561 7208-1106

Finanzamt Kassel II-Hofgeismar
Rainer Perleberg
Tel.: 0561 7208-2024

Niklas Manegold
Tel.: 0561 7208-2170

Julia Jakobi
Tel.: 0561 7208-2413

Ausbildung:
Finanzwirt/in**/***

Duales Studium:
Diplom-Finanzwirt/in***

Der Ausbildungsbeginn ist jeweils zum 1. August eines Jahres.

Deine Chancen bei uns

Du strebst eine fundierte Ausbildung und eine abwechslungsreiche Tätigkeit an? Attraktive Bezahlung, flexible Arbeitszeiten und eine gute Möglichkeit der Vereinbarkeit von Familie und Beruf sind für dich ebenso wichtig? Dann beginne deine berufliche Karriere bei uns.

Egal, ob du eine duale Ausbildung zur Finanzwirtin / zum Finanzwirt durchläufst oder ein duales Studium zur Diplom-Finanzwirtin / zum Diplom-Finanzwirt (FH) absolvierst: Beides wird mit über 1.100 Euro pro Monat überdurchschnittlich gut bezahlt.

Optimal aufeinander abgestimmte Theorie- und Praxiselemente bereiten dich perfekt auf den Einstieg ins Berufsleben vor.

Außerdem wirst du mit bestandener Prüfung grundsätzlich übernommen.

Ausführliche Informationen zur dualen Ausbildung und zum dualen Studium in einem der 35 Finanzämter in Hessen findest du im Internet unter:

www.finanzverwaltung-mein-job.hessen.de

Lern uns auf der vocatium kennen! Wir freuen uns auf dich!

SCHALTBAU
BODE

Gebr. Bode GmbH & Co. KG
Ochshäuser Straße 14
34123 Kassel

Tel.: 0561 5009249
www.schaltbau-bode.de

Ansprechpartnerin: Gudrun Lösch-Vaupel
E-Mail: bewerbungen@schaltbau-bode.com

Bode. Die Tür.
Für Deine Zukunft.

Beschäftigte: 1.600 weltweit
740 am Standort Kassel
Auszubildende: 40

Ausbildung:
Fachinformatiker/in
- Anwendungsentwicklung**/***
Fachkraft für Lagerlogistik*/**
Industriekaufmann/-frau**
Industriemechaniker/in*/**
Technische/r Produktdesigner/in**

Duales Studium:
Elektrotechnik***
(mit Ausbildung Industriemechaniker/in)
Maschinenbau***
(mit Ausbildung Industriemechaniker/in)
Wirtschaftswissenschaften***
(mit Ausbildung Industriekaufmann/-frau)

Praktika:	ja
Jobs für Studierende:	ja
Bachelor-/Masterarbeiten:	ja

Jede Tür eröffnet Dir neue Möglichkeiten, Deine Ideen zu verwirklichen

- Hersteller von individuellen Türsystemen für Fahrzeuge auf Schiene und Straße
- konzerngebundenes, internationales, mittelständisches Traditionsunternehmen
- Technologiezentrum und Entwicklungskompetenz gebündelt am Stammsitz in Kassel

Neben einer lernfeldbezogenen und praxisorientierten Ausbildung sowie Studium im Praxisverbund (StiP) bieten wir Dir:

- innerbetrieblichen Unterricht
- eigene Ausbildungswerkstatt
- fundierte Prüfungsvorbereitungen
- Ausbildungsvergütung nach den Tarifen der Metall- und Elektroindustrie Hessen
- Weihnachts- und Urlaubsgeld
- 30 Urlaubstage pro Jahr
- altersvorsorgewirksame Leistungen
- arbeitgeberbezuschusstes Kantinenangebot
- Abschlussprämie bei sehr gutem bzw. gutem Prüfungsabschluss
- hervorragende Übernahmechancen bei entsprechender Leistung

Lerne uns in einem persönlichen Gespräch an unserem Stand kennen und bringe auch gerne deine Bewerbung mit. **Bode. Die Tür.** Für Deine Zukunft. Verwirkliche Deine Ideen mit uns!

Glinicke / Ihre Mobilität

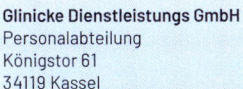

So lebt man Auto heute.

Glinicke Dienstleistungs GmbH
Personalabteilung
Königstor 61
34119 Kassel

Tel.: 0561 70099-0
www.glinicke.de/unternehmen/karriere/ausbildung

Ansprechpartnerin: Anika Kretschmar
E-Mail: anika.kretschmar@glinicke.de

Beschäftigte: 1.500
Auszubildende: 200

Ausbildung:
Automobilkaufmann/-frau**/***
Fachkraft für Lagerlogistik*/**/***
Fahrzeuglackierer/in*/**/***
Karosserie- und Fahrzeugbaumechaniker/in*/**/***
Kaufmann/-frau für Büromanagement**/***
Kfz-Mechatroniker/in*/**/***

Praktika: ja
Jobs für Studierende: ja
Bachelor-/Masterarbeiten: nein

Die Glinicke Automobilgruppe, als eines der führenden Automobil-Handels-Unternehmen in Deutschland, bietet dir eine Zukunft mit vielen Perspektiven. Bereits seit über 85 Jahren sind wir in der Automobilbranche aktiv und repräsentieren in 26 Autohäusern die Marken VW, Audi, Skoda, Seat, Porsche, Jaguar, Land Rover, Jeep, Alfa Romeo, Peugeot, Hyundai und Fiat Professional.

Mit Vollgas in deine Zukunft! Wir bieten dir eine Vielzahl an unterschiedlichen Ausbildungsplätzen sowie eine moderne und aufgeschlossene Unternehmenskultur. Mach den ersten Schritt in deine berufliche Zukunft mit einer Ausbildung bei uns. Wir ermöglichen dir den optimalen Einstieg in ein zukunftsweisendes Arbeitsumfeld.

Mit einem Praktikum kannst du dich gerne vorab in deinem Wunschberuf erproben und unser Unternehmen kennenlernen.

Bei uns erwarten dich neben tollen Produkten und spannenden Projekten ebenfalls sympathische Kolleginnen und Kollegen sowie top motivierte AusbilderInnen, die dich während der Ausbildung unterstützen und dich bis zum erfolgreichen Abschluss deiner Ausbildung begleiten.

Wir freuen uns auf deine Online-Bewerbung über: **www.glinicke.de/unternehmen/karriere/ausbildung**

H4 Hotel
Kassel

Starte mit uns deine Ausbildung im Hotelfach!

H4 Hotel Kassel
Baumbachstraße 2
34119 Kassel

Tel.: 05691 878-9183
www.h-hotels.com

Ansprechpartnerin: Alina Schmidt
E-Mail: alina.schmidt@h-hotels.com

Beschäftigte: 53
Auszubildende: 17

Ausbildung:
Hotelfachmann/-frau (m/w/d)**/***

Praktika: ja
Jobs für Studierende: ja
Bachelor-/Masterarbeiten: nein

Das H4 Hotel Kassel mit seiner zentralen Lage ist direkt am Stadthallengarten gelegen.

Als Auszubildende*r startest du mit uns ins Berufsleben. Angefangen mit dem Bootcamp, bei dem du nicht nur die wichtigsten Tipps und Tricks sowie die ersten Handgriffe für die Hotellerie kennenlernst, sondern auch Auszubildende und Dualstudenten aus Deutschland, Österreich und der Schweiz kennenlernst.

Auch während deiner Ausbildungszeit nimmst du an regelmäßigen Trainings teil, um ideal auf deine Prüfungen vorbereitet zu sein. Beim Young Star Award hast du die Chance zum besten Azubi deines Lehrjahres gekürt zu werden!

Nach deiner Ausbildung profitierst du von der Jobgarantie: Wähle an über 60 Standorten deinen Traumjob aus und klettere die Karriereleiter hoch!

#hierbistdugoldrichtig

HACKLÄNDER
Kassel | Kaufungen | Bad Salzuflen

Wir schaffen Perspektiven!

F. Hackländer GmbH
Holländische Straße 120
34127 Kassel

Tel.: 0561 9834-317
www.chancen.hacklaenderkassel.de
www.hacklaenderkassel.de

Ansprechpartnerin: Katja Schmidt
E-Mail: ausbildung@hacklaenderkassel.de

Beschäftigte: ca. 300

Ausbildung:
Fachkraft für Lagerlogistik**/***
Fachlagerist/in*/**
Kaufmann/-frau
im Groß- und Außenhandel**/***
Maschinen- und Anlagenführer/in*/**

Duales Studium:
im Anschluss an die Ausbildung

Praktika:	FOS-Praktika und Schulpraktika
Jobs für Studierende:	ja

Wir bei HACKLÄNDER sind mit rund 300 Mitarbeitern das größte eigenständige Handelshaus der SPAETER-Gruppe. Neben unserem Stammhaus in Kassel führen wir Betriebsstätten mit Warenlägern und Verkaufsbüros an fünf weiteren Standorten.

Unsere Produktpalette umfasst Stahl, Edelstahl, Aluminium und Kunststoffe. Wir bieten außerdem zukunftsweisende Technologien in der Anarbeitung von Stahl und sorgen mit unserer leistungsstarken Logistik dafür, dass unsere Kunden termingerecht beliefert werden.

Ein Kundentelefonat in englischer Sprache oder das Bedienen eines tonnenschweren Krans – die Ausbildung bei HACKLÄNDER hat kleine und große Herausforderungen zu bieten. So entwickeln sich unsere Auszubildenden nicht nur beruflich, sondern auch persönlich jeden Tag ein Stückchen weiter.

Die Verantwortung für unsere Auszu bildenden ist uns sehr wichtig. Sie werden in jeder Hinsicht unterstützt, um erfolgreich und mit viel Spaß bei der Arbeit ihre Ausbildung zu absolvieren. Vor allem aber bilden wir aus, mit der klaren Zielsetzung, unsere Auszubildenden übernehmen zu können. Wir freuen uns darauf, Sie kennenzulernen!

Mobility. Materials. Photonics. | united by passion.

HÜBNER GmbH & Co. KG
Heinrich-Hertz-Straße 2
34123 Kassel

Tel.: 0561 998-0
E-Mail: info@hubner-germany.com
www.hubner-group.com/schüler

Ansprechpartnerin: Ann-Christin Haase
E-Mail:
ann-christin.haase@hubner-germany.com

Beschäftigte: 2.800 weltweit
Auszubildende: 60

Ausbildung:
Elektroniker/in**/***
Fachkraft für Metalltechnik*/**/***
Industriekaufmann/-frau**/***
Industriemechaniker/in*/**/***
Konstruktionsmechaniker/in*/**/***
Maschinen- und Anlagenführer/in*/**/***
Mechatroniker/in***
Technische/r Konfektionär/in*/**/***
Technische/r Produktdesigner/in**/***
Verfahrensmechaniker/in*/**/***
Werkzeugmechaniker/in*/**/***
Zerspanungsmechaniker/in*/**/***

Duales Studium:
Studium im Praxisverbund (StiP)
Ausbildungsberuf Industriekaufmann/-frau in Verbindung mit Studium Wirtschaftsingenieurwesen Schwerpunkt Maschinenbau***

Studium an der FOM Kassel
Ausbildungsberuf Industriekaufmann/-frau in Verbindung mit einem nebenberuflichem Studium Betriebswirtschaft***

Studium an der DHBW Mannheim
Fachrichtungen: Elektrotechnik, Mechatronik, Maschinenbau, Wirtschaftsingenieurwesen***

Praktika: ja
Bachelor-/Masterarbeiten: ja

Bewerbungsschluss: 30.09.2019
Detaillierte Informationen zu den Ausbildungs- und Studienangeboten:
www.hubner-group.com/schüler

Als globaler Systemanbieter für verkehrstechnische Branchen, Industrie, Life Sciences und Wissenschaft legt die HÜBNER-Gruppe den Fokus auf drei Marktbereiche: Mobility bietet Produkte und Lösungen für Busse, Schienenfahrzeuge und Flughafentechnik sowie Verkehrskonzepte der Zukunft. Material Solutions umfasst Produkte und Lösungen aus Elastomeren, Silikon, Polyurethan, Spezialkunststoffen und beschichteten Textilien. Photonics bringt Laser, Terahertz-Technologie und Hochfrequenztechnik zum Einsatz.

Unsere rund 2.800 Mitarbeiter an mehr als 20 Standorten weltweit verbindet die Leidenschaft im Handeln.

Glückauf!

K+S Gruppe
K+S Aktiengesellschaft
Bertha-von-Suttner-Straße 7
34131 Kassel

Ansprechpartnerin: Nathalie Steiner
Tel.: 0561 9301-2219
www.k-plus-s.com

Beschäftigte: 10.000 in Deutschland
15.000 weltweit
Auszubildende: ca. 160 pro Jahr

Ausbildung:
Wir bilden in technischen und bergmännischen Berufen aus, z. B. Anlagenmechaniker, Bergbautechnologen, Chemikanten, Elektroniker, Industriemechaniker, Kfz-Mechatroniker. Bitte informiere Dich über unser umfangreiches Ausbildungsangebot auf unserer Homepage unter:
www.k-plus-s.com/ausbildung

Duales Studium:
Bei uns kannst du ein duales Studium mit den Schwerpunkten Business Administration, Wirtschaftsinformatik, Logistik, Elektrotechnik und Energietechnik absolvieren. Auch hierzu findest Du alle Informationen auf unserer Homepage unter Einstieg für Schüler & Auszubildende.

Praktika:	auf Anfrage
Jobs für Studierende:	auf Anfrage
Bachelor-/Masterarbeiten:	auf Anfrage

Die praxisorientierte Ausbildung oder das duale Studium sind eine wichtige Investition in Deine und unsere Zukunft. Wir bilden deutschlandweit an 10 Standorten in mehr als 10 Berufen der Bereiche Bergbau, Technik und Chemie sowie im kaufmännischen Bereich Azubis aus. Unsere Auszubildenden haben beste Chancen, nach erfolgreicher Abschlussprüfung übernommen zu werden. Möchtest Du einen Beruf in einem modernen und traditionellen Unternehmen mit zukunftsreichen Perspektiven erlernen? Dann bist Du bei uns genau richtig.

Mit über 15.000 Mitarbeitern an 80 Standorten weltweit – von Chile über die USA, Kanada und Europa bis nach Singapur – sind wir der größte Salzproduzent der Welt und gehören zur Spitzengruppe der internationalen Kalianbieter. Als Bergbauunternehmen leben wir Werte wie Respekt, Vertrauen, Teamgeist und sind stolz auf unsere einzigartige Arbeitswelt unter und über Tage. Wir fördern und fordern unsere Mitarbeiter, geben Wissen über Generationen weiter und richten uns auf gemeinsame Ziele aus – das macht K+S erfolgreich und lebendig.

Kassel Marketing

„stadtbegeistert“ Wir begeistern Menschen für Erlebnisse und Veranstaltungen in Kassel

Kassel Marketing GmbH
Obere Königsstraße 15
34117 Kassel

Tel.: 0561 707707
www.kassel-marketing.de

Ansprechpartnerin: Gabriele Wahlhäuser
E-Mail:
gabriele.wahlhaeuser@kassel-marketing.de
Bewerbungen an:
bewerbung@kassel-marketing.de

Beschäftigte: ca. 60
Auszubildende: ca. 9 in allen Ausbildungsjahrgängen

Ausbildung:
Fachkraft für Veranstaltungstechnik**/***
Kaufmann/-frau für Büromanagement**/***
Veranstaltungskaufmann/-frau***

Duales Studium:
Event-, Messe- und Kongressmanagement (B. A., IBA) ***
Hotel- und Tourismusmanagement (B. A., IBA)***

Praktika: ja (FOS, Schulpraktika)

Bachelor-/Masterarbeiten: auf Anfrage

Als Stadtmarketingorganisation sind wir Ansprechpartner für Fragen rund um die Vermarktung der documenta-Stadt. Das Kassel Convention Bureau ist Ansprechpartner für Unternehmen, die Tagungen, Messen oder Kongresse in der documenta-Stadt durchführen möchten. Zentrale Veranstaltungsstätte für Veranstaltungen jeglicher Art ist das Kongress Palais Kassel. Presse & Öffentlichkeitsarbeit, die Entwicklung von Printmedien sowie die Präsenz in den sozialen Netzwerken, dafür ist der Bereich Marketing zuständig. Unsere Event-Spezialisten kümmern sich um die Organisation attraktiver Veranstaltungen. Der Bereich Tourismus wiederum ist für die Vermarktung touristischer Angebote zuständig.

Während Deiner Ausbildung wirst Du spannende Veranstaltungen planen, organisieren und umsetzen. Konzepte für Messen, Kongresse, Konzerte oder Ausstellungen erstellen. Als Allrounder im Büro lernst Du die Organisation der wichtigsten Abläufe kennen.

Wir freuen uns auf Deinen Besuch an unserem Messestand!

Kasseler Sparkasse

Die Kasseler Sparkasse – größter Bankenausbilder in der Region

Kasseler Sparkasse
Wolfsschlucht 9
34117 Kassel

Tel.: 0561 7124-2961
www.kasseler-sparkasse.de

Ansprechpartnerinnen:

Bianka Dittmar
E-Mail:
bianka.dittmar@kasseler-sparkasse.de

Karin Falb
E-Mail: karin.falb@kasseler-sparkasse.de

Beschäftigte: 1.009
Auszubildende: 20 pro Jahr

Ausbildung:
Bankkaufmann/-frau**/***

Die wichtigsten Anforderungen:
- Spaß am Umgang mit Menschen
- Hohes persönliches Engagement
- Gute sprachliche Fähigkeiten
- Verhandlungsgeschick
- Mindestens mittlerer Bildungsabschluss mit guten Noten

Praktika: ja

Ausbildungsbeginn 1. August 2020

Wir sind Finanzdienstleister Nummer 1 in der Stadt und im Landkreis Kassel. Möchten Sie dazu gehören?

Für das Jahr 2020 suchen wir 20 engagierte, freundliche und motivierte Auszubildende. Wenn Sie teamfähig und lernbereit sind und Ihnen der Kontakt mit Menschen Spaß und Freude bereitet, dann sollten wir uns kennenlernen!

In einer 2,5-jährigen abwechslungsreichen und spannenden Ausbildungszeit öffnen sich die Türen für gute Übernahmechancen und zahlreiche Weiterbildungs- und Aufstiegsmöglichkeiten.

Schwerpunkt ist die Betreuung unserer Kundinnen und Kunden in unseren Beratungscentern. Hier geht es um Kundengespräche, Service und den Verkauf von Finanzdienstleistungen. Einblicke in interne Bereiche sind ein weiterer Bestandteil. Die praktische Ausbildung wird durch gezielte innerbetriebliche Schulungen und den Unterricht an der Martin-Luther-King-Schule ergänzt.

Haben wir Ihr Interesse geweckt? Dann bewerben Sie sich unter
www.kasseler-sparkasse.de
oder besuchen Sie uns an unserem Messestand. Wir freuen uns auf Sie!

KVV Kasseler Verkehrs- und Versorgungs-GmbH

Vielfältige Ausbildung, einzigartige Möglichkeiten

KVV – Kasseler Verkehrs- und Versorgungs-GmbH
Königstor 3 – 13
34117 Kassel

Tel.: 0561 782-2330
www.kvvks.de

Ansprechpartner:
Anja Drotleff und Mirco Heinemann
E-Mail: ausbildung@kvvks.de

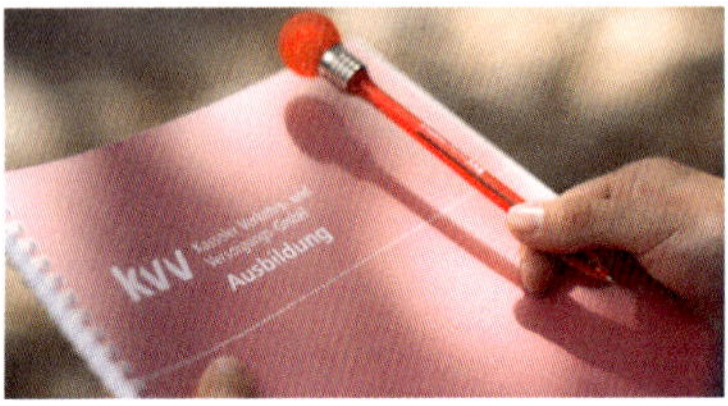

Beschäftigte: 1.952 (Stand: 2016)

Ausbildung:
Anlagenmechaniker/in für Sanitär-, Heizungs- und Klimatechnik*/**/***
Elektroniker/in
- Betriebstechnik**/***
- Betriebstechnik + Studium im Praxisverbund Informatik***

Industriekaufmann/-frau**/***
Industriekaufmann/-frau + Studium Wirtschaftsinformatik***
Industriemechaniker/in**/***
IT-System-Elektroniker/in**/***
Kaufmann/-frau
- Büromanagement**/***

Mechatroniker/in**/***

Duales Studium:
Business Administration***
Elektrotechnik***
Informatik***
Mechatronik***
Wirtschaftsinformatik***

Praktika: ja
Ansprechpartner: Diana Kersting
Tel: 0561 782-2597

Die Unternehmen der KVV-Gruppe versorgen Kassel und Teile Nordhessens zuverlässig mit Strom, Gas, Wasser, Wärme und Telekommunikationsdienstleistungen. Außerdem betreiben wir den Öffentlichen Personennahverkehr, die Schwimmbäder und Versorgungsnetze, die Kasseler Straßenbeleuchtung, bieten Beratungs- und Energiedienstleistungen an und kümmern uns um die Müllverbrennung.

Durch die Größe unseres Konzerns bieten wir eine breit gefächerte Ausbildung, denn Du durchläufst viele Bereiche unserer Unternehmen. Du lernst natürlich in der Berufsschule, aber auch in vorbildlich eingerichteten Konzernwerkstätten unter der Leitung erfahrener Ausbilder. Zusätzlich erhältst Du fach- und unternehmensbezogenen betrieblichen Unterricht. Daneben gibt es spannende Projekte wie unsere Juniorfirma, die Dir die Chance gibt, eigenverantwortlich und gemeinsam mit Deinen Mitauszubildenden ein Unternehmen zu führen.

Nach Abschluss Deiner Ausbildung hast Du gute Chancen auf mindestens einen Jahresvertrag bei uns.

Wir freuen uns auf Deine Bewerbung.

Umwelttechnik – der Beruf für Deine Zukunft

KASSELWASSER
- Eigenbetrieb der Stadt Kassel -
Gartenstraße 90
34125 Kassel

Tel.: 0561 / 70987 - 69
www.kasselwasser.de

Ansprechpartnerin: Frau Denise Zgoll
E-Mail: info@kasselwasser.de

Beschäftigte: 170
Auszubildende: 10
in verschiedenen Bereichen

Ausbildung:
Fachkraft
für Rohr-, Kanal- und Industrieservice*/**/***

Bewerbung:
nach den Sommerferien bis 31. Oktober 2019
Nächster Ausbildungsbeginn: August 2020

Genaue Beschreibung der Ausbildung auf unserer Homepage unter:
www.kasselwasser.de/abwasser/unternehmen/personal-ausbildung/ausbildung

Praktika: ja

Der Eigenbetrieb der Stadt Kassel – KASSELWASSER – erfüllt die nachfolgenden hoheitlichen Aufgaben unter Führung der Betriebsleitung im Auftrag der Stadt Kassel.

Das heißt, KASSELWASSER handelt im Interesse der Bürgerinnen und Bürger nach hoheitlichen, ökologischen und betriebswirtschaftlichen Vorgaben und Grundsätzen.

Seit dem 1. April 2012 ist der Eigenbetrieb KASSELWASSER für die Planung, den Bau und den Betrieb der Trinkwasserversorgung und der Abwasserbeseitigung zuständig. Mitbehandelt werden die Abwässer des Abwasserverbandes Losse-Nieste-Söhre, der Stadt Vellmar und von Teilen der Stadt Baunatal. Des Weiteren werden die abwassertechnischen Anlagen des Abwasserverbandes Losse-Nieste-Söhre sowie die Sonderbauwerke der Verbandsgemeinden betrieben und unterhalten. Die bauliche Unterhaltung und der Betrieb aller Anlagen sowie die Pflege der Gewässer 2. und 3. Ordnung obliegen ebenfalls KASSELWASSER als Dienstleister der Stadt Kassel.

leadec
Industrial Services

Wir suchen Dich

Leadec Industrial Services
Heinrich-Hertz-Straße 11
34123 Kassel, Germany

Tel.: 0561 589892 24
www.leadec-services.com/kassel

Ansprechpartner: Matthias Fischer
E-Mail:
VikiStandortKassel@leadec-services.com

Beschäftigte: 20.000 Weltweit
40 Mitarbeiter Kassel
Auszubildende: 4 Standort Kassel

Ausbildung:
Elektroniker (m/w/d)
Fachrichtung Betriebstechnik**/***
Industrieelektriker (m/w/d)*

Bitte informiere dich auf unserer Homepage:
www.leadec-services.com/de/fuer-bewerber/ausbildung

Praktika: FOS-Praktikum für den Beruf Elektroniker Fachrichtung Betriebstechnik (m/w/d)

Der Leadec-Standort in Kassel betreut seit 1983 verschiedenste Kunden im industriellen Bereich. Unsere Kompetenzen liegen in allen Bereichen der Elektrotechnik. Von der Automatisierungstechnik über die klassische Installationstechnik bis hin zur Datentechnik sorgen wir für sichere und effiziente Produktionsabläufe bei unseren Kunden.

Wir suchen qualifizierte Mitarbeiter, die die Zukunft mitgestalten wollen: Menschen, die flexibel und offen für Neues sind sowie unternehmerisch und verantwortungsbewusst denken und handeln. Die Arbeit bei Leadec ist abwechslungsreich und vielfältig. Jedes Projekt stellt neue Herausforderungen – und jeder, der seine Tätigkeit liebt und beherrscht, findet bei uns immer wieder neue Aufgaben für anspruchsvolle Auftraggeber.

Leadec hat über 50 Jahre Erfahrung im Industrieservice, v. a. in der Automobil- und Fertigungsindustrie. Mit weltweit rund 20.000 Mitarbeitern sind wir an über 200 Standorten auf vier Kontinenten immer in der Nähe unserer Kunden. Wir verbinden Kompetenz, Netzwerk und Leistungsfähigkeit eines Global Players mit der persönlichen Betreuung eines regionalen Partners vor Ort.

Raus aus der Schule, rein in den Handel!

Lidl lohnt sich

Lidl Vertriebs-GmbH & Co. KG
Lange Heideteile 1
34295 Edermünde

Ansprechpartnerin: Johanna Siebert
Tel.: 0566 5405-0
E-Mail: bewerbung.kas@lidl.de
www.jobs.lidl.de

Anpacker. Durchstarter.
Möglichmacher.

Beschäftigte
(deutschlandweit): 75.000
Auszubildende
Regionalgesellschaft Kassel: 55 pro Jahr

Ausbildung:
Abiturientenprogramm
- Vertrieb***
- Logistik***
Fachkraft Lagerlogistik*/**/***
Fachlagerist/in*/**
Kaufmann/-frau
- Büromanagement*/**/***
- Einzelhandel*/**/***
Verkäufer/in*/**

Duales Studium:
Handel (B. A.)***
Logistik (B. A.)***
Immobilienwirtschaft (B. A.)***

Attraktive Vergütung:
Ausbildungen:
1. Jahr 950 €, 2. Jahr 1.050 €, 3. Jahr 1.200 €.
Abiturientenprogramm:
1. - 6. Monat 1.050 €, 7.-18. bzw. 24. Monat 1.200 €.
Danach profitieren Sie von der übertariflichen Vergütung bei Lidl.
Duales Studium:
1. Jahr 1.400 €, 2. Jahr 1.600 €, 3. Jahr 1.800 €

Lidl zählt zu den führenden Unternehmen im Lebensmitteleinzelhandel in Deutschland und ist als internationale Unternehmensgruppe mit eigenständigen Landesgesellschaften auf der ganzen Welt aktiv. In Deutschland sorgen 39 rechtlich selbstständige Regionalgesellschaften, mit über 3.200 Filialen und über 79.000 Mitarbeitern, für die Zufriedenheit der Kunden.

In Deutschland bildet Lidl zur Zeit über 3.000 junge Menschen aus. Dazu kommen jedes Jahr über 1.000 neue Auszubildende hinzu.

Eine Ausbildung bei Lidl bedeutet, in einem abwechslungsreichen Umfeld zu arbeiten, wo Gehalt, Entwicklungsmöglichkeiten und Zukunftsperspektiven stimmen. Alle Ausbildungen bei Lidl genießen an Berufsschulen und Industrie- und Handelskammern einen sehr guten Ruf. Dies gilt für die Umsetzung der Ausbildungsinhalte ebenso wie für die Betreuung der Azubis.

Haben wir Dein Interesse geweckt? Mehr Informationen unter:
www.jobs.lidl.de

MANAGEMENT SERVICES
Helwig Schmitt GmbH

IT, die dich begeistert

Management Services
Helwig Schmitt GmbH
Garnisonstraße 12
34369 Hofgeismar

Tel.: 05671 5085131

www.manserv.de/karriere

Ansprechpartnerin: Rebecca Kaspari
E-Mail: personal@manserv.de

Beschäftigte: 200
Auszubildende: 9

Ausbildung:
Fachinformatiker/in
- Anwendungsentwicklung***
- Systemintegration***

Praktika: ja
Jobs für Studierende: ja
Bachelor-/Masterarbeiten: ja

Management Services ist ein weltweit agierender IT-Dienstleister für die Automobilindustrie. Unsere Marktanalysen helfen unseren Kunden, wie BMW, Mercedes oder Ford, sich auf immer wieder neue Marksituationen einzustellen und diese optimal für sich zu nutzen.

Mit aktuell 200 Mitarbeitern und 9 Azubis gehören wir zu den größten IT-Dienstleistern Nordhessens. Dank unserer 20-jährigen Expertise im Bereich Ausbildung können wir dir perfekte Einstiegs- und Karrieremöglichkeiten bieten.

Wenn IT deine Leidenschaft ist und dich neue Technologien immer wieder aufs Neue faszinieren, solltest du dein Hobby zum Beruf machen. Mit einer Ausbildung zum Fachinformatiker vereinst du diese Interessen perfekt.

Mit vielseitigen Projekten und tollen Teams ermöglichen wir dir den optimalen Einstieg in eine anspruchsvolle und internationale Arbeitswelt. Du willst über den Tellerrand schauen? Dann bietet dir das Auslandspraktikum im Rahmen deiner Ausbildung die besten Möglichkeiten.

Umfangreiche Weiterbildungsangebote helfen dir, fachlich und persönlich deinen eigenen Weg zu finden. Ob Sprachkurse, Sportkurse oder Fachseminare passend zum Ausbildungsberuf, bei uns ist alles möglich!

Gemeinsam entdecken wir deine Talente und planen schon in der Ausbildung deine individuelle Karriere im IT-Bereich. Denn bei uns bestehen beste Übernahmechancen.

Bewirb dich jetzt!
www.manserv.com/karriere

Mecklenburgische
VERSICHERUNGSGRUPPE

„BUNT statt GRAU" – die Ausbildung bei der Mecklenburgischen Versicherungsgruppe

Mecklenburgische Versicherungsgruppe
Bezirksdirektion Kassel
Frankfurter Straße 229 B
34134 Kassel

Tel.: 0561 94141-17
www.du-bist-unser-azubi.de

Ansprechpartner: Timo Hackenberg
E-Mail: kassel@mecklenburgische.de

Mitarbeiter: ca. 800 bundesweit
Auszubildende: ca. 100 bundesweit

Ausbildungsplätze
in Kassel: 2 pro Jahr

Ausbildung:
Kaufmann/-frau
für Versicherungen und Finanzen**/***

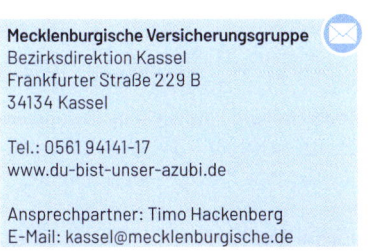

Über 220 Jahre Geschichte liegen hinter der Mecklenburgischen. Heute sind wir die älteste private überregionale Versicherung mit Hauptsitz in Hannover.

Gute Aufstiegschancen, flache Hierarchien, ein persönliches Miteinander und die Vergütung nach dem Tarifvertrag der privaten Versicherungswirtschaft mit zusätzlichen attraktiven Extras machen die Mecklenburgische zu einem menschlichen, sicheren und attraktiven Arbeitgeber.

Die Ausbildung findet in der Bezirksdirektion Kassel sowie in verschiedenen selbstständigen Agenturen statt, in denen du in Außendiensteinsätzen erste Erfahrungen in der Beratung von Kunden machst. Zusätzlich lernst du auch den Innendienst in der Direktion Hannover kennen und wirst in vielseitigen Seminaren geschult.

Du hast bald deine Schullaufbahn mit Erfolg abgeschlossen und der Umgang mit Menschen bereitet dir Freude? Du trittst selbstsicher auf und bist kontaktfreudig? Dann starte mit uns in eine kunden- und vertriebsorientierte Ausbildung.

Peek&Cloppenburg KG
Est. 1911

Peek&Cloppenburg KG Hamburg
Mönckebergstraße 8
20095 Hamburg

Ansprechpartnerin: Simone Lühr Pacheco
Tel.: 040 33967-373
simone.luehr@peek-und-cloppenburg.de

Schreibe uns eine SMS: 0151 23344285
Folge uns auf Snapchat: pundckarriere

www.peek-und-cloppenburg.de/karriere

...einfach ein cooler
ARBEITGEBER!

Beschäftigte: ca. 4.000 weltweit

Ausbildung:
Kaufmann/-frau im Einzelhandel**/***
Verkäufer/in*/**/***
Gestalter/in für visuelles Marketing**/***
Handelsfachwirt/in
- im Abiturientenprogramm***
- im Realschulprogramm**

Praktika:	ja
Jobs für Studierende:	ja
Bachelor-/Masterarbeiten:	nein

Starte durch in der Welt der Mode!

Fashion und Lifestyle, 4.000 engagierte Mitarbeiter, 38 moderne Stores in 7 Ländern, 300 exklusive Marken und immer ein besonderes Einkaufserlebnis – das ist die Unternehmensgruppe Peek&Cloppenburg KG*!

Liebst Du Mode? Hast Du Spaß am Kundenkontakt? Und ist Dir eine gute Perspektive wichtig? Dann besuche uns an unserem Messestand und lerne P&C kennen!

Deine Vorteile:
- über 300 Azubi-Kollegen
- Mitarbeiterrabatte auf das gesamte Sortiment
- bis zu 600 € Einkleidungsbudget zum Ausbildungsstart
- Urlaubs- und Weihnachtsgeld
- Miet- oder Fahrtkostenzuschüsse (unter bestimmten Voraussetzungen)
- Fortbildungs- und Entwicklungsprogramme, z. B. „unsere Besten“, „Handelsfachwirt“
- bis zu 42 P&C-interne Trainings und Workshops
- Ausbildungspaten als persönliche Ansprechpartner

* Mit Standorten in Hamburg, Norderstedt, Kiel, Flensburg, Lübeck, Bremen, Lüneburg, Hannover, Braunschweig, Kassel, Bielefeld, Paderborn, Osnabrück, Münster, Stralsund, Dresden, Chemnitz, Rostock und mit VAN GRAAF Standorten in Österreich, Ungarn, Tschechien, Polen, Lettland und der Schweiz.

Polizei Hessen

Polizeipräsidium Nordhessen
Grüner Weg 33
34117 Kassel

Tel.: 0561 9101045
www.polizei.hessen.de/karriere

Ansprechpartner: Yvonne Winter
einstellungsberatung.ppnh@polizei.hessen.de

MIT BLAULICHT
IN DIE ZUKUNFT
POLIZEI HESSEN
www.polizei.hessen.de/karriere

Duales Studium:
Schutz- und Kriminalpolizei (B. A.)***
an der Hochschule für Polizei und
Verwaltung an den Standorten:
Wiesbaden, Mühlheim, Gießen und Kassel

Praktika: ja

Vielfalt ist unsere Stärke

Vielfältige Erfahrungen. Was dich erwartet:

- Ein umfassendes Studium, das dich auf den Dienst bei der Schutz- oder Kriminalpolizei vorbereitet.
- Praktische Erfahrungen im Polizeialltag: durch Einsätze auf unseren Dienststellen.
- Förderung deiner körperlichen Fitness: durch Sport und regelmäßige Einsatztrainings.
- Studienmodule u. a. in den Bereichen Recht, Sozial- und Kriminalwissenschaften.

Stärken im Fokus. Dein Profil:

- Du hast Abitur, die Fachhochschulreife, eine Meisterprüfung oder einen vergleichbaren Bildungsabschluss.
- Du bist mindestens 160 cm groß, nicht gerichtlich vorbestraft und am Tag deiner Einstellung maximal 32 Jahre alt.
- Die deutsche Staatsangehörigkeit ist **keine** Einstellungsvoraussetzung.

Attraktiver Rahmen. Unser Angebot:

- Du erhältst Anwärterbezüge von ca. 1.100 Euro netto monatlich – vom ersten Tag an.
- Durch Studienstandorte und Polizeidienststellen in ganz Hessen ist eine heimatnahe Ausbildung möglich.
- Du kannst dich bei uns langfristig weiterentwickeln – dank verschiedener Tätigkeitsprofile und zahlreicher Fortbildungsangebote.

quindata_

quindata GmbH
Wolfsschlucht 15
34117 Kassel

Tel.: 0561 7122331
www.quindata.com/karriere

Ansprechpartnerin: Merrit Rudeloff
E-Mail: bewerbung@quindata.com

Beschäftigte:	82 (inkl. Azubis)
Auszubildende:	8 (Stand August 2018)

Ausbildung:
Fachinformatiker/in
- Anwendungsentwicklung***
- Systemintegration***
Informatikkaufmann/-frau***
Systemkaufmann/-frau***

Duales Studium:
Wirtschaftsinformatik (B. A.)***

Praktika:	ja
Jobs für Studierende:	nein
Bachelor-/Masterarbeiten:	ja

Zukunft mit Köpfchen. Bist du dabei?

Seit April 2002 agieren wir, der IT-Spezialist und Tochterunternehmen der Raiffeisen Waren GmbH – quindata GmbH, am Markt. Unsere SAP®-basierten Branchenlösungen sind optimal und individuell an die Bedürfnisse des Kunden angepasst und bilden somit das Kerngeschäft für den Handel.

Entwickeln, programmieren und realisieren von Softwareprojekten ist deine Passion? Dazu hast du kaufmännisches Geschick und Freude an der Arbeit mit Menschen? Dann bist du bei uns und in der Welt der Informatik- und Systemkaufleute richtig.

Für angehende Fachinformatiker liegen die Schwerpunkte unserer Ausbildung in der Anwendungsentwicklung und der Systemintegration. Dafür lernst du die gängigen Programmiersprachen kennen und wirst mit der marktführenden Unternehmenslösung SAP® ERP arbeiten.

Eine vielseitige Ausbildung auf hohem Niveau erwartet dich bei uns, denn bereits ab dem ersten Arbeitstag arbeitest du an verschiedenen IT-Projekten mit.

Komm in unser Team. Wir sind gespannt auf deine Bewerbung.

… gemeinsam Zukunft gestalten!

Raiffeisen Waren GmbH
Personalabteilung
Ständeplatz 1 – 3
34117 Kassel

Tel.: 0561 7122-390
Bewerberportal: www.raiwa.net/karriere

Ansprechpartnerin: Nicole Kirmizi

Beschäftigte: ca. 2.400
Auszubildende: ca. 290

Ausbildung:
Fachkraft für Lagerlogistik*/**/***
Kaufmann/-frau
- Groß- und Außenhandel**/***
Land-
und Baumaschinenmechatroniker/in*/**/***

Duales Studium:
Betriebswirtschaft (B. A.)***

Praktika:	ja, nach Absprache
Jobs für Studierende:	nein
Bachelor-/Masterarbeiten:	ja, nach Absprache

Von Tag zu Tag wachsen wir und streben neue Aufgaben an. Somit ist die Raiffeisen Waren GmbH mit mehr als 210 Vertriebsstützpunkten in acht Bundesländern kundennah präsent. Neben Agrar zählen Technik, Märkte, Energie, Baustoffe und Recycling zu den weiteren Sparten des Unternehmens. Mit einem Umsatz von über 1,2 Mrd. Euro und fast ca. 2.400 Mitarbeitern, davon ca. 290 Auszubildende, zählt unser Unternehmen zu den großen Arbeitgebern in diesen Regionen.

Wir haben uns dazu entschlossen, dass Auszubildende neben ihrer Ausbildung zur/-m Groß- und Außenhandelskauffrau/-mann ein duales Studium in Betriebswirtschaft (Bachelor of Arts) absolvieren können. So können sie sich besser in den Abläufen unseres Unternehmens zurechtfinden.

Kluge Köpfe mit Begeisterung und Zielstrebigkeit haben daher beste Aussichten bei uns. Während der Ausbildung lernen Sie alle Bereiche unseres Unternehmens kennen. Sie können von anspruchsvollen Zielsetzungen und zukunftsorientierten Ausrichtungen unseres Unternehmens profitieren.

Wir warten auf Sie!

Ausbildung, wo das Leben spielt

REWE Markt GmbH
Zweigniederlassung Mitte

Ansprechpartnerin: Meike Günther
Tel.: 05606 607270
E-Mail: meike.guenther@rewe-group.com

www.rewe.de/ausbildung

Ausbildung:
Kaufmann/-frau im Einzelhandel*/**/***
Verkäufer/in*/**/***

REWE Abiturientenprogramm*:**
- Abschluss Kaufmann/-frau im Einzelhandel nach 18 Monaten,
- danach 22-monatige Weiterbildung zum/zur Fachwirt/in für Vertrieb

Praxis: REWE Märkte
Theorie: Anspruchsvolle und interessante Seminare

Praktika: ja
Bachelor-/Masterarbeiten: ja

Eine sichere berufliche Zukunft ist bei REWE kein Zufall. Die Gründe: Eine bewusste und gesunde Ernährung wird im Leben vieler Menschen immer wichtiger. Und jemand, der sich damit auskennt, wird deshalb immer gefragter. Der Lebensmittelhandel gehört damit zu den krisensichersten Branchen. Und bei REWE gehst Du sogar extra auf Nummer sicher: Denn bei guten Leistungen ist deine Übernahme nach der Ausbildung garantiert.

Neben guten Noten solltest Du Teamgeist und Zuverlässigkeit mitbringen. Außerdem dürfen ein ausgeprägtes Interesse am Handel und seinen Kunden, ein Grundverständnis für betriebswirtschaftliche Zusammenhänge, eine gewisse Flexibilität und natürlich Spaß am Umgang mit Menschen nicht fehlen.

Für Abiturienten bietet REWE mit dem REWE Abiturientenprogramm Schulabgängern auch ohne Universitätsstudium die Möglichkeit eines schnellen Aufstiegs in die Führungsetagen. Die Ausbildung wird intensiv durch Aus- und Weiterbildungsmaßnahmen des REWE HR-Kompetenzcenters gefördert.

Du suchst eine Ausbildung, die dich weiterbringt? Dann bist du ganz nah dran! Bewirb dich online unter: REWE.DE/ausbildung

RHEINMETALL
DEFENCE

Wer wir sind

Rheinmetall Defence
Henschelplatz 1
34127 Kassel

Tel.: 0561 5066-6976
www.rheinmetall-defence.com

Ansprechpartnerin:
Anika Rusch

E-Mail: anika.rusch@rheinmetall.com

Beschäftigte: 11.232
1.000 in Kassel
Auszubildende: 13 pro Jahr

Ausbildung:
Elektroniker/in für Betriebstechnik**/***
Industriekaufmann/-frau**/***
Konstruktionsmechaniker/in*/**/***
Mechatroniker/in*/**/***

Praktika: ja
Jobs für Studierende: ja
Bachelor-/Masterarbeiten: ja

Die Division Vehicle Systems der Defence Sparte des Rheinmetall Konzerns ist ein bedeutender Komplettanbieter im Markt, der das gesamte Leistungsspektrum für logistische und taktische Militärradfahrzeuge, Ketten- und Kampffahrzeuge sowie Turmsysteme für internationale Streitkräfte abdeckt – und dies aus einer Hand.

Die börsennotierte Rheinmetall Group mit Sitz in Düsseldorf ist der substanzstarke und international erfolgreiche Technologiekonzern für Sicherheit und Mobilität. Die Automotive Sparte nimmt eine weltweite Spitzenposition als Automobilzulieferer ein und ist ein zuverlässiger Entwicklungspartner und Hersteller von Komponenten für heutige und zukünftige Antriebssysteme. Die Defence-Sparte des Konzerns ist als führendes europäisches Systemhaus für Verteidigungstechnik ein zuverlässiger Partner der Streitkräfte. In Kassel sind die Rheinmetall Landsysteme GmbH und Rheinmetall MAN Military Vehicles GmbH mit insgesamt ca. 1.000 Beschäftigten ansässig.

DB SCHENKER

Schenker Deutschland AG
Geschäftsstelle Kassel
Justus-Liebig-Straße 14
34253 Lohfelden

Ansprechpartnerin: Birgit.Koerdel-Khalil
Tel.: 0561 9515-103
E-Mail:
birgit.koerdel-khalil@dbschenker.com

www.dbschenker.com/de
www.logistik-aktuell.com

Beschäftigte: 250 am Standort Kassel
Auszubildende: 30

Ausbildung:
Kaufmann/-frau für Spedition und Logistikdienstleistung (w/m/d)**/***
Fachkraft für Lagerlgoistik (w/m/d)**/***
Fachlagerist/in (w/m/d)*/**/***

Praktika: ja
Jobs für Studierende: ja
Bachelor-/Masterarbeiten: nein

DB Schenker ist der weltweit führende Anbieter von globalen Logistikdienstleistungen. Wir unterstützen Industrie und Handel beim globalen Güteraustausch – durch Landverkehr, weltweite Luft- und Seefracht, Kontraktlogistik und Supply Chain Management.

Integrierte Logistik findet auf der ganzen Welt an allen wichtigsten Schnittstellen statt – überall da wo globale Güterströme wirkungsvolle Verbindungen zwischen allen Verkehrsträgern erzeugen. Unsere Value Added Services sorgen für nahtlose Warenströme und schlanke optimierte Lieferketten und garantieren Ihren Erfolg. Unser Unternehmen verfügt über Top-Positionen in den Bereichen Automotive, Technologie, Konsumgüter, Messespedition, Spezialverkehre und Dienstleistungen für große Sportveranstaltungen

EXCELLENCE IN FLUID TECHNOLOGY

Lass uns deine Karriere gemeinsam starten!

sera GmbH
sera-Straße 1
34376 Immenhausen
Deutschland

Tel.: +49 5673 999-00
www.sera-web.com

Ansprechpartnerin: Natalie Lieder
E-Mail: ausbildung@sera-web.com

Beschäftigte: 230
Auszubildende: 25

Ausbildung:
Industriekaufmann/-frau**/***
Industriemechaniker/in**/***
Mechatroniker/in**/***
Produktionstechnologe/-in**/***

Duales Studium:
Elektrotechnik***
Maschinenbau***
Mechatronik***
Studium im Praxisverbund (STIP)***
Wirtschaftsingenieurwesen / Technischer Vertrieb***

Praktika und Abschlussarbeiten: ja

Online-Bewerberportal:
www.sera-web.com/de/karriere/bewerbung

sera ist …

- eine mittelständische Unternehmensgruppe im Industriezweig Maschinen- und Anlagenbau
- familiär, offen und kollegial
- innovativ, zuverlässig und flexibel
- ein weltweit agierendes Unternehmen mit Niederlassungen in Großbritannien, Südafrika, Spanien und Österreich
- Experte und Produzent im Bereich Dosier- und Kompressionstechnik

sera bietet …

- eine moderne Ausbildung mit vielen eigenverantwortlichen Aufgaben
- Umgang auf Augenhöhe
- monatliche Azubiseminare von Azubis für Azubis
- ein junges und aufgeschlossenes Team
- regelmäßige Azubiausflüge und Betriebsfeste
- eine offene Unternehmenskultur

Du bist …

- Schüler/in einer Real- oder Gymnasialstufe
- engagiert und selbstständig
- ein Teamplayer
- lernbereit und aufgeschlossen, neue Wege zu gehen
- auf dem besten Weg, ein **seraner** zu werden!

Ziele erreichen und Erfolge feiern wir gemeinsam – werde Teil der sera-Gruppe!

be flexible. be energy. be family. be the change.

SMA Solar Technology AG
Sonnenallee 1
34226 Niestetal

Tel.: 0561 9522-2663
www.sma.de

Ansprechpartnerin: Sabrina Strippel
E-Mail: Talentschmiede@SMA.de

Beschäftigte: mehr als 3.000 weltweit
Auszubildende: 68 (insgesamt)
17 (pro Jahr)

Ausbildung:
Elektroniker/in
für Geräte und Systeme*/**/***
Industriekaufmann/-frau***
Industriekaufmann/-frau international***
Kauffmann/-frau für Büromanagement**/***
Mechatroniker/in*/**/***

Praktika: ja
Jobs für Studierende: ja
Bachelor-/Masterarbeiten: ja

Du hast bald Deinen Schulabschluss in der Tasche? Dann fängt ein neuer Lebensabschnitt für Dich an. „Der Ernst des Lebens beginnt. Da muss man eben durch." Da muss man eben durch. Viele Menschen sind dieser Meinung. Vergiss' diese Sichtweise, wenn es um Deine Ausbildung geht. Denn SMA ist anders!

Über 3.000 Mitarbeiterinnen und Mitarbeiter in 20 Ländern sind gemeinsam dafür verantwortlich, dass SMA weltweit die Produktion und Entwicklung von Photovoltaik-Systemtechnik aktiv in die Zukunft bringt.

Bei SMA kannst Du die Dinge aktiv mitgestalten. Es ist erwünscht, querzudenken und andere für Deine Ideen zu begeistern. Unser konstruktives Miteinander fördert den Teamspirit und bringt manch ungeahntes Talent zum Vorschein. Und das nicht nur mit flexiblen Arbeitszeiten sondern auch mit einem fairen Gehalt.

Ausbildung und Studium mit Abwechslung und Praxisbezug!

Sozialversicherung für Landwirtschaft, Forsten und Gartenbau
Weißensteinstraße 70 - 72
34013 Kassel

Tel.: 0561 785-15427
www.svlfg.de

Ansprechpartnerin: Nicole Thordsen
E-Mail: Nicole.Thordsen@svlfg.de

Beschäftigte: deutschlandweit ca. 5.500

Ausbildung:
Fachinformatiker/in
- Anwendungsentwicklung**/***
- Systemintegration**/***
Sozialversicherungsfachangestellte/r**/***

Duales Studium:
Diplom-Verwaltungswirt/in
- Landwirtschaftliche Sozialversicherung***
Verwaltungsinformatik***

Ausbildungsintegriertes Studium im Praxisverbund zum Bachelor of Science (B. Sc.), Studiengang Informatik***

Du hast Deine Schule erfolgreich beendet und möchtest nun eine Ausbildung oder ein Studium beginnen? Dann bist Du bei uns an der richtigen Stelle!

Die Sozialversicherung für Landwirtschaft, Forsten und Gartenbau (SVLFG) ist ein moderner Dienstleister und bietet 3,2 Millionen Menschen in Deutschland eine optimale Absicherung in den grünen Berufen.

Für 2020 suchen wir Auszubildende und dual Studierende.

Das Besondere an uns ist: Wir bieten als einziger Sozialversicherungsträger Deutschlands vier Versicherungen aus einer Hand:

- die Rentenversicherung,
- die Unfallversicherung,
- die Krankenversicherung und
- die Pflegeversicherung.

Bei uns werden Azubis und dual Studierende gleichzeitig in allen vier Versicherungszweigen ausgebildet. Das garantiert viel Abwechslung während der Ausbildung oder des Studiums und bietet Absolventen dazu noch die Möglichkeit eines sicheren Arbeitsplatzes im öffentlichen Dienst.

Wir freuen uns auf Deine Bewerbung!

Vorbereitung auf das Gespräch – mögliche Fragen an Personalleiter*innen und Ausbildungsleiter*innen

Fragen zu Beruf und Ausbildung:
- Wie sieht ein normaler Arbeitstag in Ihrem Unternehmen aus?
- Kann ich berufliche Schwerpunkte während oder nach der Ausbildung setzen?
- Wo findet die Ausbildung statt?
- Wo ist die Berufsschule?
- Besteht die Möglichkeit, die Ausbildung zu verkürzen?
- Wie sind die Arbeitszeiten in der Ausbildung?
- Wovon hängt eine Übernahme nach Beendigung der Ausbildungszeit ab?
- Gibt es innerbetriebliche Fortbildungen?
- Wie viele verschiedene Einsatzbereiche gibt es, in denen ich nach Abschluss der Ausbildung arbeiten könnte? Welche Einsatzbereiche wären es?
- Wie hoch ist die Ausbildungsvergütung?

Fragen zum dualen Studium:
- Wie ist der zeitliche Ablauf des dualen Studiums bei Ihnen?
- Mit welcher Hochschule/Berufsakademie arbeiten Sie zusammen?
- Übernehmen Sie bei einem dualen Studium die Studiengebühren?
- Werde ich während des dualen Studiums von einem*einer Mentor*in begleitet?
- Welche Eignungen sind neben dem Abitur (der FH-Reife) mitzubringen?
- Welche beruflichen Perspektiven habe ich nach dem Studium?

Fragen zu den Voraussetzungen:
- Was erwarten Sie allgemein von Bewerber*innen?
- Wie flexibel (z. B. pendeln vom Wohnort zum Ausbildungsbetrieb) muss ich sein?
- Worauf achten Sie besonders beim Zeugnis?
- Brauche ich gute oder sehr gute Sprachkenntnisse (welche Sprachen)?
- Welche grundlegenden Voraussetzungen sollte ich mitbringen?
- Welche Weiterbildungs- und Aufstiegsmöglichkeiten gibt es?

Fragen zur Bewerbung:
- An wen richte ich die Bewerbung?
- Bevorzugen Sie Online-Bewerbungen oder die klassische Mappe per Post?
- Kann ich mich initiativ bewerben? Wann ist Bewerbungsschluss?
- Auf welche Unterlagen legen Sie besonderen Wert?
- Nach welchen Kriterien wählen Sie die Bewerber*innen aus?
- Führen Sie Einstellungstests durch?
- Bitte deine*n Gesprächspartner*in um ein kurzes Feedback zu deinem Auftreten:
  – Wie habe ich auf Sie gewirkt?
  – Ist meine Kleidung angemessen?
  – Was kann ich in einem „echten“ Bewerbungsgespräch verbessern?

Herzlich willkommen bei der Techniker

Die Techniker
Wilhelmshöher Allee 91
34121 Kassel

Tel.: 040 46065842-104
www.tk.de/ausbildung

Ansprechpartnerin: Silke Herr
E-Mail: Silke.Herr@tk.de

Beschäftigte: knapp 14.000
Auszubildende: bundesweit 200 pro Jahr

Ausbildung:
Kaufmann/-frau im Gesundheitswesen**/***

Duales Studium (nur Hamburg):
Angewandte Informatik (B. Sc.)***
Wirtschaftsinformatik (B. Sc.)***

Praktika: ja
Jobs für Studierende: ja
Bachelor-/Masterarbeiten: auf Anfrage

Sie interessieren sich für eine spannende und anspruchsvolle Ausbildung? Dann sind Sie bei uns genau richtig.

Als eine der größten und besten Krankenkassen Deutschlands (Focus-Money 07/2018) sind wir bestrebt, unseren Kunden das Beste zu bieten. Dieses Ziel können wir nur mithilfe der besten Mitarbeiter erreichen und dafür brauchen wir Sie! Stellen Sie sich gemeinsam mit uns den immer wieder neuen Herausforderungen in einem dynamischen Umfeld.

Eine Ausbildung bei der Techniker bedeutet drei abwechslungsreiche Jahre mit individuellen Qualifizierungsmöglichkeiten und der Aneignung eines breiten Wissens. Profitieren Sie von einer Reihe unterschiedlichster Vorteile, die Ihnen die TK als Arbeitgeber bietet, z. B. flexible Arbeitszeiten und eine attraktive Ausbildungsvergütung.

Seit Jahren gehören wir zu den Top-Arbeitgebern Deutschlands (Quellen: Focus, Xing und kununu) und bieten auch Ihnen einen Ausbildungsplatz, der zu Ihnen passt.

Stellen Sie sich der Herausforderung und werden Sie mit uns zum Durchstarter! Wir freuen uns darauf, Sie kennenzulernen.

Hey
Zukunft

TECHNOFORM

Technoform
Ostring 4
34277 Fuldabrück

Tel.: 0561 9583 531
www.technoform.com

Ansprechpartnerin: Hannah Kehl
ausbildung@technoform.com

Verfahrensmechaniker/in

Beschäftigte: 1.400
Auszubildende: 48

Ausbildung:
Fachkraft für Lagerlogistik*/**/***
Industriekaufmann/-frau***
Produktionstechnologe/-in**/***
Maschinen- und Anlagenführer/in Metall- und Kunststofftechnik*/**/***
Verfahrensmechaniker/in für Kunststoff- und Kautschuktechnik*/**/***
Werkzeugmechaniker/in*/**/***

Praktik: ja
Jobs für Studierende: ja
Bachelor-/Masterarbeiten: ja

Noch wissen wir es nicht. Vielleicht sind wir Deine Zukunft und Du bist unsere. Findest Du den Gedanken nicht auch spannend?

Wir sind jung und erfolgreich

Technoform ist in Jahren erfahren und reif. Im Kopf sind wir ein wagemutiger, neugieriger Springinsfeld. Diese Kombi macht uns in unseren Kernkompetenzen zum Weltmarktführer.

Wir sind offen und ideenreich

Unser Erfolg liegt auch darin begründet, dass wir uns nie mit dem Status quo zufriedengeben. Wir fragen uns täglich, wie es noch besser gehen könnte. Deshalb erfinden wir unsere Produkte immer wieder neu.

Wir sind Partner, 1 : 1

Jede Aufgabe ist einzigartig. Deshalb bieten wir fast immer maßgeschneiderte Lösungen an und gehen individuell auf unsere Kunden und ihre Wünsche ein.

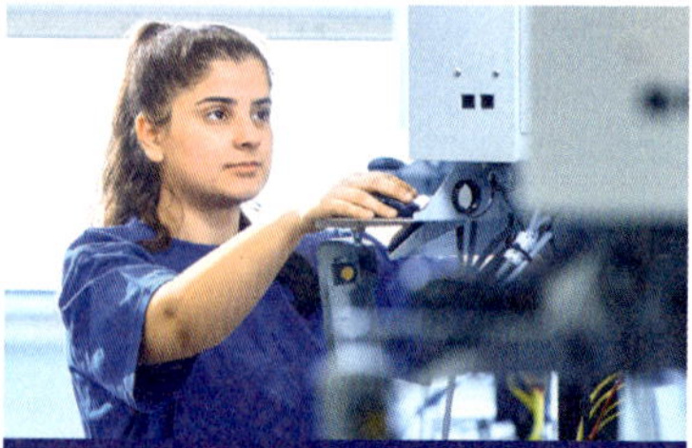

Werkzeugmechaniker/in

Produktionstechnologe/-in

Fachkraft für Lagerlogistik (m/w)

Was wir können

Technoform ist ein international anerkannter Spezialist in der Extrusion von Kunststoffen sowie in der Entwicklung von Produkt- und Marktinnovationen im Bereich thermoplastischer Profile und Hybridprofile.
Wir sind Weltmarktführer in der Herstellung und Entwicklung von Isolierprofilen für Fenster, Türen und Fassaden aus Aluminium.
Wir sind weltweit führender Anbieter von Hybrid-Abstandhaltern für Isolierglasfenster und für thermisch optimierte Lösungen für den Glasrandbereich.

Spiel deine Stärke

Sechs Ausbildungsberufe stehen bei uns zur Auswahl. Alle haben unterschiedliche Schwerpunkte, fordern Dich in unterschiedlicher Weise heraus und fördern Deine Talente.

Hey, vielleicht ist Deine Zukunft ja auch unsere.

ausbildung@technoform.com

Maschinen- und Anlagenführer/in

Industriekaufmann/-frau

Ich mach's! Der Karrierestart bei der Volksbank Kassel Göttingen

Volksbank Kassel Göttingen eG
Rudolf-Schwander-Straße 1
34117 Kassel

Tel.: 0561 7893-1407
www.vobakg.de

Ansprechpartner: Sascha Knepperges
E-Mail: sascha.knepperges@vobakg.de

Beschäftigte: 577
Auszubildende im Jahr 2019: 12

Ausbildung:
Bankkaufmann/-frau**/***

Praktika: ja

Haben Sie Freude am Umgang mit Menschen, Kundenorientierung, Teamgeist, Interesse an wirtschaftlichen und politischen Zusammenhängen? Bewerben Sie sich jetzt online um eine Ausbildung bei uns:

www.volksbank-kassel-goettingen.de/wir-fuer-sie/karriere/ausbildung.html

Wenn Sie eine anspruchsvolle Tätigkeit suchen und gern mit Menschen umgehen, liegen Sie mit einer Ausbildung zur Bankkauffrau oder zum Bankkaufmann genau richtig! Sie beraten unsere Kunden in allen finanziellen Fragen – vom Sparbuch über Aktienfonds bis hin zu Krediten und Versicherungen.

Die Volksbank Kassel Göttingen ist als Genossenschaftsbank eine regional verbundene Bank und bietet alle Finanzdienstleistungen aus einer Hand – sowohl für Firmenkunden als auch für Privatkunden.

Damit ergeben sich für Menschen mit Initiative und Engagement hervorragende Perspektiven.

Nutzen Sie Ihre Chance auf einen Ausbildungsplatz bei der Volksbank Kassel Göttingen eG!

Wir freuen uns auf Ihren Besuch an unserem Messestand auf der vocatium 2019.

Volkswagen AG, Werk Kassel
Dr.-Rudolf-Leiding-Platz 1
34225 Baunatal

www.vw-azubi.de
www.vw-karriere.de

Bewerberhotline: 05361 946470

Ausbildungsberufe im Werk Kassel:[1/2]
Elektroniker/in
für Automatisierungstechnik*/**/***
Fachkraft für Lagerlogistik*/**/***
Gießereimechaniker/in*/**/***
Industriemechaniker/in*/**/***
IT-System-Elektroniker/in*/**/***
Mechatroniker/in*/**/***
Werkfeuerwehrmann/-frau*/**/***
Werkstoffprüfer/in*/**/***
Werkzeugmechaniker/in*/**/***
Zerspanungsmechaniker/in*/**/***

Duales Studium im Werk Kassel:[2]
Elektrotechnik***
Maschinenbau***
Wirtschaftsingenieurwesen***
Wirtschaftsinformatik***

Praktika: ja
Bachelor-/ Masterarbeiten: ja

Aktueller Stand zu angebotenen Ausbildungsberufen und Studienmöglichkeiten finden sie unter: **vw-azubi.de**

1 Änderungen sind vorbehalten
2 jährliches Angebot variiert

Einsteigen bei Volkswagen – vielfältige Möglichkeiten und interessante Perspektiven

Volkswagen eröffnet automobilbegeisterten und engagierten jungen Menschen vielfältige Einstiegsmöglichkeiten. Rund 4.800 Auszubildende und duale Studenten/-innen werden bei Volkswagen in Wolfsburg, Braunschweig, Salzgitter, Hannover, Emden und Kassel ausgebildet. Davon allein in Kassel rund 700 junge Männer und Frauen.

In der Ausbildung können Sie in Kassel zwischen zehn gewerblich-technischen Ausbildungsberufen wählen. Eine Berufsausbildung bei Volkswagen ermöglicht Ihnen einen optimalen Start in das Berufsleben und die besten Chancen für die Zukunft.

Wer Studium und Praxis kombinieren möchte, dem bietet Volkswagen in Kassel verschiedene duale Studiengänge in Zusammenarbeit mit der Universität Kassel an.

Informieren Sie sich jetzt über Ihre Einstiegschancen 2020 bei Volkswagen!

Für eine „Berufsausbildung" und das „duale Studium" können Sie sich vom 1. Juli bis 31. Oktober 2019 bewerben. Bewerbungen müssen online über unsere Internetseiten eingereicht werden.

Präzision an der Schnittstelle

Scharfe Persönlichkeit – scharfe Perspektive

WIKUS-Sägenfabrik
Wilhelm H. Kullmann GmbH & Co. KG
Melsunger Straße 30
34286 Spangenberg

Tel.: 05663 500-116
www.wikus-karriere.de

Ansprechpartnerin: Carola Schmidt
E-Mail: Carola.Schmidt@wikus.de

Beschäftigte: ca. 590
Auszubildende: 17

Ausbildung:
Fachinformatiker/in***
Industriekaufmann/-frau***
Maschinen- und Anlagenführer/in*/**
Mechatroniker/in**/***
Werkstoffprüfer/in**/***

Duales Studium:
auf Anfrage

Praktika:	auf Anfrage
Jobs für Studierende:	auf Anfrage
Bachelor-/Masterarbeiten:	auf Anfrage

WIKUS ist ...

» ein Sägebandhersteller mit ca. 590 Kollegen
» familiär und kollegial
» innovativ und veränderungsbereit
» ein weltweit agierendes Unternehmen
» bodenständig und regional verwurzelt

WIKUS bietet ...

» Modernes und zeitgemäßes Arbeitsumfeld in einer Ausbildungswerkstatt mit eigener Werkbank
» Erfahrene Ausbilder als Experten auf ihrem Fachgebiet
» Interne und externe Schulungen
» hautnahe Mitarbeit im Prozess

Unsere Ausbilder ...

» sind Experten in ihrem Fach
» haben ein offenes Ohr für dich
» sind auf kurzen Wegen erreichbar
» haben Spaß an der gemeinsamen Arbeit mit dir

Du bist ...

» Schüler einer Haupt-, Real-, oder Gymnasialstufe?
» neugierig auf das Leben nach der Schule?
» entschlossen, was du später machen möchtest?
» lernbereit und aufgeschlossen neue Wege zu gehen?

Bewirb dich online: **www.wikus.de**
Wir warten auf dich!

ZOLL

Dein Talent im Einsatz

Starkes Team. Starke Zukunft.

ZOLL
Hauptzollamt Gießen
Grünberger Straße 100
35394 Gießen

Die jeweiligen Ansprechpartner/innen findest du online unter:
www.talent-im-einsatz.de/DTIEWeb/DE/Zoll_vor_Ort

MIT
GEBALLTER ZOLL-POWER
IM EINSATZ.

Ausbildung:
Zollbeamter/-in im mittleren Dienst**/***
Dauer: 2 Jahre
Ablauf:

- Zwei theoretische Ausbildungsabschnitte in Rostock, Sigmaringen oder Plessow
- Praktische Ausbildung in den verschiedenen Dienststellen deines Hauptzollamtes

Duales Studium:
Zollbeamter/-in im gehobenen Dienst***
Dauer: 3 Jahre
Ablauf:

- Vier Studienabschnitte an der FH Bund in Münster (Westfalen)
- Praktische Ausbildung in den verschiedenen Dienststellen deines Hauptzollamtes

Ausbildungs-/Studienbeginn: 1. August 2020
Bewerbungsschluss: 30. Sept. 2019

Wir sind Talentsucher. Und du bist wie für uns gemacht. Deinen Schulabschluss hast du so gut wie in der Tasche. Jetzt bist du auf der Suche nach einem starken Arbeitgeber, der dir viele Perspektiven, eine sinnvolle Aufgabe und eine sichere Zukunft bietet? Dann bewirb dich beim Zoll!

ZOLL

Wir

- sind die Wirtschafts- und Einnahmeverwaltung des Bundes,
- bekämpfen organisierte Kriminalität,
- bekämpfen Schwarzarbeit und illegale Beschäftigung,
- schützen die europäische Industrie und den heimischen Arbeitsmarkt,
- stehen für Arten-, Umwelt- und Verbraucherschutz,
- schützen die öffentliche Sicherheit und Ordnung,
- sorgen für soziale Gerechtigkeit,
- denken europäisch und
- freuen uns auf dich!

WÄHLE DEINEN BERUFSWEG

ZOLL

Besuch uns auch in den sozialen Medien

oder unter:
www.talent-im-einsatz.de

Was ist ein duales Studium?

Bei einem dualen Studium werden regelmäßige praktische Erfahrungen in einem Betrieb mit einem Studienabschluss an einer Hochschule oder Berufsakademie verknüpft. Zeiten im Unternehmen wechseln sich mit Studienphasen meist im gleichen Rhythmus ab.

Es gibt zwei geläufige Studienmodelle für Berufsstarter*innen: das duale Studium entweder mit integrierter Berufsausbildung oder kombiniert mit einem Langzeitpraktikum. Meist absolvieren dual Studierende eine staatlich anerkannte Ausbildung und schließen zugleich einen Bachelor ab. Es gibt aber auch die Variante, bei der die Praxisphase in Form eines Langzeitpraktikums erfolgt – in diesem Fall also ohne integrierte Ausbildung, aber mit einem Studienabschluss.

Bei einem dualen Studium mit integrierter Berufsausbildung zahlt der Betrieb ein Gehalt sowie meist auch die Studiengebühren für die duale Hochschule bzw. die Berufsakademie.

Vorteile:
- Hoher Praxisbezug, Theorie wird gefestigt
- Zeitersparnis: in drei Jahren Bachelor-Titel und ggf. Ausbildung
- Große Chance auf Übernahme
- Finanzieller Vorteil gegenüber einem klassischen Studium ohne Einkünfte

Nachteile:
- Beliebtheit: große Konkurrenz unter den Bewerber*innen
- Ausbildung und Studium in einem sind eine Doppelbelastung
- Ggf. langfristige Bindung an ein Unternehmen
- Kein klassisches Studierendenleben

Weitere Informationen findest du unter:
www.ausbildung.info/duales-studium
www.bibb.de/ausbildungplus/de/index.php
www.duales-studium.de
www.studis-online.de/StudInfo/duales_studium.php

Teil III:

Akademien / Fachschulen / Gap-Year

Auf den folgenden Seiten sind die Ausbildungsberufe und (dualen) Studiengänge mit ihren vorausgesetzten Schulabschlüssen wie folgt gekennzeichnet:

* = Erster allgemeinbildender Schulabschluss (ESA)
** = Mittlerer Schulabschluss (MSA)
*** = Abitur

Die Bernd Blindow Schulgruppe

Seit über 40 Jahren:
schulische Ausbildung, Schulabschlüsse, Studium

Bernd Blindow Gruppe

Schulen Dr. Rohrbach
Wilhelmshöher Allee 343 · 34131 Kassel
Tel.: 0561 937730
E-Mail: kassel@rohrbach-schulen.de

Bernd-Blindow-Schulen
Am Hegeberg 2 · 37142 Bad Sooden-Allendorf
Tel.: 05652 587770
E-Mail: bsa@blindow.de

ROSS Schule Hannover
Wilhelmstraße 2 · 30171 Hannover
Tel.: 0511 84489480

Schulen Dr. Rohrbach Hannover
Heisenbergstraße 17 · 30627 Hannover
Tel.: 0511 956890

Cosmetic College Hannover
Alexanderstraße 3 · 30159 Hannover
Tel.: 0511 35395100

Ausbildung in Kassel:
Ergotherapeut/in**/***
Physiotherapeut/in**/***

Ausbildungen in Bad Sooden Allendorf:
Physiotherapeut/in**/***

Ausbildungen in Hannover:
Ross Schule:
Biologisch-technische/r Assistent/in**/***
Logopäde/-in**/***
Pharmazeutisch-technische/r Assistent/in**/***
Physiotherapeut/in**/***

Schulen Dr. Rohrbach:
Physiotherapeut/in**/***
Ergotherapeut/in**/***

Cosmetic College:
Kosmetiker/in*/**/***

Schulen Dr. Rohrbach Kassel

Die Schulen Dr. Rohrbach in Kassel umfassen heute die staatlich anerkannten Ausbildungen in der Physiotherapie und Ergotherapie. Seit 1994 sind die Schulen Teil der Bernd Blindow Gruppe. Neben der ROSS-Schule in Hannover, der BBS in Bad Sooden-Allendorf und des Cosmetic College wurde 1996 ein weiterer Standort der Schulen Dr. Rohrbach in Hannover ebenfalls mit den Ausbildungen Physio- und Ergotherapie gegründet.

Ausbildung und Studium

Schüler/innen der Physio- und Ergotherapie bieten wir in Kooperation mit der DIPLOMA Hochschule die Möglichkeit, ein Studium begleitend zur Berufsausbildung zu beginnen. Schüler/innen, die zu Ausbildungsbeginn bereits über die Fachhochschulreife oder das Abitur verfügen, können in 3,5 Jahren einen staatlich anerkannten Berufsabschluss und einen akademischen Bachelorabschluss erreichen.

Informatik, Wirtschaft, Mediendesign und Game

bib International College Paderborn
Fürstenallee 5
33102 Paderborn
Tel.: 05251 30101
E-Mail: info-pb@bib.de

bib International College Bielefeld
Meisenstraße 92
33607 Bielefeld
Tel.: 0521 2384201
E-Mail: info-bi@bib.de

www.bib.de

Ausbildung mit Studienoption:
Game (Option: B. A. / B. Sc.)
- Game Design**/***
- Game Development**/***

Mediendesign (Option: B. A.)
- Print & Web | Web & Animation**/***

Informatik (Option: B. Sc.)
- Web & Mobile | Softwareentwicklung | Technische Informatik | Wirtschaftsinformatik**/***
- VR-/AR-Development***

Wirtschaft (Option: B. A. / B. Sc.)
- Marketing Management (Online Marketing | Event | Wirtschaftspsychologie)***

Das bib International College bietet Ausbildungs- und Studienangebote in den Bereichen Informatik, Wirtschaft, Mediendesign & Game an. Um den Studierenden die besten beruflichen Chancen zu eröffnen, arbeiten wir eng mit Unternehmen und einem Netzwerk aus Partnerhochschulen zusammen.

Unser praxisorientiertes Bildungsangebot richtet sich an Jugendliche mit mittlerem Schulabschluss, Fachhochschulreife oder Abitur. Die staatlich anerkannten Ausbildungsabschlüsse ermöglichen den direkten Berufseinstieg oder ein verkürztes Bachelor-Studium im In- oder Ausland. Durchgängige Bildungsangebote mit internationalen Abschlüssen sind unser Markenzeichen.

Das bib ist der ideale Begleiter auf dem Weg zum beruflichen Erfolg!

Evangelische Kirche von Kurhessen-Waldeck und Diakonie Hessen

Evangelische Kirche von Kurhessen-Waldeck und Diakonie Hessen
Wilhelmshöher Allee 330
34131 Kassel

Tel.: 0561 9378-364
www.macht-sinn.info
www.ekkw.de

Ansprechpartnerin: Ute Kaisinger-Carli
E-Mail: ute.kaisinger-carli@ekkw.de

MACHT-SINN.INFO
ENTDECKE SINNVOLLE BERUFE IN DER KIRCHE

Beschäftigte: ca. 51.000
Auszubildende: mehr als 1.000

Ausbildung:
Altenpfleger/in*/**/***
Altenpflegehelfer/in*/**/***
Erzieher/in**/***
Gesundheits- und Krankenpfleger/in*/**/***
Heilerziehungspfleger/in**/***
Krankenpflegehelfer/in*/**/***
Pflegefachmann/-frau*/**/***
Physiotherapeut/in**/***
Sozialassistent/in**/***
Verwaltungsfachangestellte/r**/***

Duales Studium:
Diakon/in***
Kirchenbeamter/in / Public Administration*** (B. A.)

Studium:
Bildung, Erziehung und Kindheit / Childhood studies*** (B. A.)
Inclusive Education / Integrative Heilpädagogik*** (B. A.)
Pfarrer/in – Theologie***
Pflege- und Gesundheitsförderung*** (B. A.)
Religionslehrer/in***
Soziale Arbeit*** (B. A.)

Beratungsangebot:
Freiwilligendienst (FSJ)*/**/***

Vom Freiwilligen Sozialen Jahr bis zum Studium: Diakonie Hessen und Evangelische Kirche von Kurhessen-Waldeck bieten vielfältige berufliche Entwicklungsmöglichkeiten.

Wer auf der Suche nach einem sinnvollen Beruf ist und gerne mit Menschen arbeiten will, kann bei der Kirche und Diakonie viele berufliche Möglichkeiten entdecken.

Für alle Schulabschlüsse sind berufliche Einstiegsmöglichkeiten dabei: ein Freiwilliges Soziales oder Ökologisches Jahr bei den Evangelischen Freiwilligendiensten im In- oder Ausland kann bei der Entscheidung für den Traumberuf helfen.

Wer sich für eine Ausbildung interessiert, findet mit einem Haupt- oder Realschulabschluss Berufe im Sozial- oder Gesundheitswesen oder auch in der Kirchenverwaltung.

Wer gerne studieren möchte, findet ebenfalls Angebote bei Kirche und Diakonie: von Studiengängen im Gesundheitsbereich, Sozialer Arbeit, im Bereich Kirchenverwaltung über die Gemeindepädagogik bis zum Theologiestudium gibt es eine Vielfalt von Qualifikationswegen.

Gesundheit Nordhessen

Helfen und Karriere machen

Gesundheit Nordhessen Holding AG
Mönchebergstrasse 41 - 43
34125 Kassel

Tel.: 0561 980-2381
www.gesundheit-nordhessen.de/karriere

Ansprechpartner: Volker Pape
E-Mail: volker.pape@gnh.net

Beschäftigte: 5.000
Auszubildende: 400

Ausbildung:
Gesundheits- und Krankenpfleger/in**/***
Gesundheits- und Kinderkrankenpfleger/in**/***
Hebamme**/***
Operationstechnische/r Assistent/in (OTA)**/***
Med. Radiologische/r Assistent/in (MTRA)**/***

Duales Studium:
Health Care Science (B. Sc.)***
in Kooperation mit der Hamburger Fernhochschule (HFH)

Die Gesundheit Nordhessen Holding AG ist ein regionaler Gesundheitskonzern, der das Spektrum der ambulanten und stationären Krankenversorgung mit nahezu allen Leistungen aus Medizin und Pflege umfasst.

Zur Gesundheit Nordhessen gehören das Klinikum Kassel mit dem Medizinischen Versorgungszentrum ZMV, die Kreiskliniken Kassel in Hofgeismar und Wolfhagen, das Krankenhaus Bad Arolsen, die Kassel School of Medicine, die Reha-Zentren am Klinikum Kassel und in Kassel-Wilhelmshöhe, die Seniorenwohnanlage Lindenberg, der ambulante Pflegedienst SWA aktiv und die Service-Gesellschaft ökomed.

Mit rund 5000 Mitarbeiterinnen und Mitarbeitern bietet die Holding als einer der größten Arbeitgeber der Region Nordhessen Gesundheitsdienstleistungen auf höchstem Qualitätsniveau.

Wir suchen Auszubildende im Berufsfeld Gesundheits- und Kinderkrankenpflege. Um die Ausbildung absolvieren zu können, müssen folgende Voraussetzungen erfüllt werden: mindestens mittlerer Bildungsabschluss oder Hauptschulabschluss mit einer danach erfolgreich abgeschlossenen Berufsausbildung von mindestens zweijähriger Dauer.

Wir bieten eine qualifizierte Ausbildung aus einer Hand, da wir über alle notwendigen Fachabteilungen und ein großes Leistungsspektrum verfügen. Die Ausbildung in der Gesundheit Nordhessen Holding AG wird nicht nur gut vergütet, sondern bietet auch allerbeste Übernahme- und Karrierechancen.

Auszubildende der Gesundheits- und Krankenpflege mit (Fach-)Abitur haben die Chance, von der GNH ein Stipendium für ein berufsbegleitendes Studium zu erhalten. Der geförderte Studiengang „Health Care Studies“ an der Hamburger Fernhochschule schließt mit dem Bachelor ab. Die angehenden Pflegekräfte erwerben hier für ihre Arbeit mit Patienten eine zusätzliche wissenschaftliche Qualifikation.

Volunta

Eine Gesellschaft des DRK in Hessen

Deutsches Rotes Kreuz

Volunta gGmbH
Deutsches Rotes Kreuz in Hessen
Niederlassungen in Kassel, Gießen, Frankfurt und Darmstadt

Tel.: 0611 95249000
E-Mail: info@volunta.de

www.volunta.de

FSJ/BFD im sozialen Bereich
im DRK-Fahrdienst, Erste Hilfe-Ausbildung, im Rettungsdienst, im Pflegebereich in Krankenhäusern und Altenheimen, in der Flüchtlingshilfe, mit Menschen mit Behinderung, in psychiatrischen Einrichtungen, mit Kindern und Jugendlichen, in Jugendherbergen

FSJ/BFD im Kulturbereich
Museen, Denkmalpflege, Bibliotheken und Zoos

FÖJ im Naturschutz
Landschafts- und Forstpflege, Biotechnologie und Solarenergie

Im Ausland
weltwärts, IJFD, Au-pair, Schüleraustausch, Volunteering

Besonderes Angebot für Geflüchtete
Schülerinnen und Schüler, die aus ihrer Heimat geflohen sind, können einen Freiwilligendienst absolvieren. Wir bieten individuelle Beratung und Begleitung, Unterstützung beim Deutschlernen und Seminare.

Das Plus im Lebenslauf – Freiwilliges Soziales Jahr

Gerade erst aus der Schule und gleich mit dem Studium oder einer Ausbildung weitermachen, kommt für dich gar nicht in Frage! Du brauchst erst mal eine Pause vom Lernalltag und willst praktische Erfahrungen in einem Beruf sammeln? Dann ist ein Freiwilligendienst in einer sozialen, ökologischen oder kulturellen Einrichtung genau das Richtige.

Dabei ist die Idee, dass junge Menschen bis 27 Anderen für mindestens sechs und höchstens 18 Monate helfen. Das Freiwillige Soziale Jahr hat viele Vorteile und ist ein echtes Plus im Lebenslauf. Es dient als praktischer Teil zum Erwerb der Fachhochschulreife. In vielen Studiengängen und Ausbildungen wird es als Wartezeit oder als Praktikum anerkannt. Du erhältst ein Taschengeld und bist sozial- und krankenversichert. 25 Seminartage begleiten deinen Freiwilligendienst.

Wer lieber ins Ausland möchte, der kann sich im weltwärts-Programm oder im Internationalen Jugendfreiwilligendienst in sozialen Projekten engagieren oder als Au-pair oder Austauschschüler/in die Welt kennenlernen. Volunta ist eine Tochter des DRK in Hessen.

Gefördert vom Bundesministerium für Familie, Senioren, Frauen und Jugend.

Teil IV:

(Fach-)Hochschulen / Universitäten

Bauhaus-Universität Weimar

Exzellenz zwischen Tradition und Zukunft

Bauhaus-Universität Weimar
Geschwister-Scholl-Straße 15
99423 Weimar

Tel.: 03543 582378
www.uni-weimar.de

Ansprechpartner: Reiner Bensch
E-Mail: reiner.bensch@uni-weimar.de

Bachelor-Studiengänge:
Architektur
Bauingenieurwesen [Konstruktion, Umwelt, Baustoffe]
Europäische Medienkultur (EMK)
Freie Kunst
Lehramt Kunsterziehung an Gymnasien
Management [Bau, Immobilien, Infrastruktur]
Medieninformatik
Medienkultur
Medienkunst/Mediengestaltung
Produkt-Design
Urbanistik
Visuelle Kommunikation

Master-Studiengänge:
Bauingenieurwesen
Baustoffingenieurwissenschaft
Computer Science for Digital Media
Digital Engineering
Europäische Urbanistik
European Urban Studies
Human Computer Interaction
Integrated Urban Developement and Design
Management [Bau, Immobilien, Infrastruktur]
MediaArchitecture
Medienkunst/Mediengestaltung
Medienmanagement
Medienwissenschaft
Natural Hazards and Risks in Structural Engineering
Produkt-Design/Nachhaltige Produktkulturen
Umweltingenieurwissenschaften
Urbanistik
Visuelle Kommunikation/Visuelle Kulturen

Architektur und Urbanistik, Bauingenieurwesen, Kunst und Gestaltung und Medien – mit ihren Fakultäten und Arbeitsgebieten verfügt die Bauhaus-Universität Weimar heute über ein einzigartiges Profil.

Aufbauend auf die ingenieurwissenschaftlichen und architekturorientierten Disziplinen hat die Bauhaus-Universität Weimar ein breites Lehr- und Forschungsprofil entwickelt. Das Spektrum der Universität umfasst über 30 Studiengänge und reicht von der Freien Kunst über Design, Web-Design, Visuelle Kommunikation, Mediengestaltung und Kultur bis zu Architektur, Bauingenieurwesen, Baustoff- und Umweltingenieurwissenschaften sowie Management.

Der Begriff »Bauhaus« im Namen unserer Universität steht heute für Experimentierfreudigkeit, Offenheit, Kreativität, Nähe zur industriellen Praxis und Internationalität. Ausgehend von der Tradition des Bauhauses sind auch alle Fakultäten an der Gestaltung des öffentlichen Raumes beteiligt.

DIPLOMA

DIPLOMA HOCHSCHULE
Private Fachhochschule Nordhessen
University of Applied Sciences

DIPLOMA Hochschule
Fernstudienzentrum Kassel
Wilhelmshöher Allee 343 · 34131 Kassel
Tel.: 0561 937730
E-Mail:kassel@diploma.de

Präsenzstudium am Campus:
Bad Sooden-Allendorf (bei Kassel)
Am Hegeberg 2 · 37242 Bad Sooden-Allendorf
Tel.: 05652 587770
E-Mail: bsa@diploma.de

Leipzig
Comeniusstraße 17 · 04315 Leipzig
Tel.: 0341 6490823
E-Mail: sz.leipzig@diploma.de

Bachelor - Fernstudium:
Betriebswirtschaft (B.A.)***
Medienmanagement (B.A.)***
Tourismusmanagement (B.A.)***
Sicherheitsmanagement (B.A.)***
Wirtschaftspsychologie (B.Sc.)***
Wirtschaftsrecht (LL.B.)***
Angewandte Psychologie (B.Sc.)***
Kindheitspädagogik (B.A.)***
Frühpädagogik (B.A.)***
Soziale Arbeit (B.A.)***
Gesundheitsmanagement (B.A.)***
Medizinalfachberufe (B.A.)***
Naturheilkunde und komplementäre Heilverfahren (B.Sc.)***
Grafik-Design (B.A.)***
Mechatronik (B.Eng.)***
Wirtschaftsinformatik (B.Sc.)***
Wirtschaftsingenieurwesen (B.Eng.)***

Bachelor - Präsenzstudium:
Betriebswirtschaft (B.A.)***
Medienmanagement (B.A.)***
Tourismusmanagement (B.A.)***
Wirtschaftsrecht (LL.B.)***
Kindheitspädagogik (B.A.)***
Soziale Arbeit (B.A.)***
Grafik-Design (B.A.)***
Mechatronik (B.Eng.)***
Wirtschaftsinformatik (B.Sc.)***
Wirtschaftsingenieurwesen (B.Eng.)***

DIPLOMA Hochschule Fern- und Präsenzstudiengänge

Mit einem Studium an der staatlich anerkannten DIPLOMA Hochschule entscheiden Sie sich für eine zukunftssichere Weiterbildung nach Maß – neben Ausbildung/Beruf, auch ohne Abitur und ohne NC.

Praxisnah gestaltete, moderne Studiengänge, kleine Studiengruppen, persönliche Betreuung durch unsere Dozierenden und unser moderner Online-Campus – dies sind nur einige Vorteile, von denen Sie profitieren.

Alle unsere Studiengänge sind nach den Bologna-Beschlüssen akkreditiert und national sowie international anerkannt.

Mit einem Fernstudium haben Sie die Möglichkeit auch neben einer Ausbildung oder einem Beruf einen akademischen Grad in Form eines Fernstudiums aus den Fachbereichen Gesundheit & Soziales, Technik, Gestaltung, Wirtschaft und Recht zu erlangen.

Falls Sie sich für ein Präsenzstudium interessieren, finden Sie an unseren Standorten Leipzig und Bad Sooden-Allendorf (bei Kassel) ebenfalls eine große Auswahl an verschiedenen Studienfachrichtungen.

www.diploma.de

DHGE Duale Hochschule Gera-Eisenach

Duale Hochschule Gera-Eisenach
Campus Gera
Weg der Freundschaft 4
07546 Gera

Tel.: 0365 43410
www.duales-studium-thueringen.de
E-Mail: info-gera@dhge.de

Duale Hochschule Gera-Eisenach
Campus Eisenach
Am Wartenberg 2
99817 Eisenach

Tel.: 03691 62940
www.duales-studium-thueringen.de
E-Mail: info-eisenach@dhge.de

Duale Studiengänge in Gera:

Wirtschaft

Betriebswirtschaft (Bachelor of Arts):
- Handel
- Immobilienwirtschaft
- Industrie
- Logistik
- Management im Gesundheitswesen
- Öffentliches Management

Wirtschaftsinformatik (Bachelor of Science)
Wirtschaftsingenieurwesen – Elektrotechnik (Bachelor of Science)

Technik

Elektrotechnik/Automatisierungstechnik (Bachelor of Engineering)
Informations- und Kommunikationstechnologien (Bachelor of Engineering)
Praktische Informatik (Bachelor of Engineering)

Soziales

Soziale Arbeit (Bachelor of Arts):
- Kinder- und Jugendhilfe
- Rehabilitation
- Soziale Dienste

Duale Studiengänge in Eisenach:

Wirtschaft

Betriebswirtschaft (Bachelor of Arts):
- Dienstleistungsmanagement
- Groß- und Einzelhandel
- International Business Administration
- Mittelständische Industrie
- Tourismusmanagement

Wirtschaftsingenieurwesen – Technischer Vertrieb (Bachelor of Science)

Technik

Engineering (Bachelor of Engineering):
- Fertigungsmesstechnik und Qualitätsmanagement
- Konstruktion
- Kunststofftechnik
- Mechatronik und Automation
- Produktionstechnik
- Technisches Management

Ich studiere dual,
weil ich Theorie
direkt in der Praxis
ausprobieren kann.

Masterstudiengänge in Kooperation mit der Hochschule Schmalkalden (Fernstudium):

Elektrotechnik und Management (Master of Engineering)
Informatik und IT-Management (Master of Science)
Maschinenbau und Management (Master of Engineering)
Öffentliches Recht und Management (Master of Public Administration)
Unternehmensführung (Master of Arts)

Ernst-Abbe-Hochschule Jena
University of Applied Sciences

Innovation für Lebensqualität

Ernst-Abbe-Hochschule Jena
Carl-Zeiss-Promenade 2
07745 Jena

Zentrale Studienberatung
Tel.: 03641 205122
E-Mail: studienberatung@eah-jena.de

Bachelor-Studiengänge:
Augenoptik/Optometrie
Automatisierungstechnik/Informationstechnik (International)
Biotechnologie
Business Administration
Business Information Systems
E-Commerce
Elektrotechnik/Informationstechnik
Feinwerktechnik/Precision Engineering
Geburtshilfe/Hebammenkunde (dual)
Laser- und Optotechnologien (auch dual)
Maschinenbau
Mechatronik
Medizintechnik
Pflege (dual)
Pflege/Pflegeleitung (Fernstudiengang)
Mikrotechnologie/Physikalische Technik
Physiotherapie
Rettungswesen/Notfallversorgung
Soziale Arbeit
Umwelttechnik
Umwelttechnik und Entwicklung
Werkstofftechnik
Wirtschaftsingenieurwesen
- Digitale Wirtschaft
- Industrie

Haben Sie schon einmal überlegt, in Jena zu studieren? Sie finden uns im Bundesland Thüringen, dem grünen Herzen Deutschlands. Die traditionsreiche alte Universitätsstadt ist ein bekanntes Zentrum der Hochtechnologie und liegt in einer unverwechselbaren, zauberhaften Landschaft des Saaletals. Jena ist eine junge Stadt mit 25.000 Studierenden und 100.000 Einwohnern.

Lassen Sie sich von der Vielfalt Jenas beeindrucken, genießen Sie, wie schon Goethe und Schiller, Jenas südlich anmutende, reizvolle Lage im Tal der Kernberge. Tanzen Sie mit bei der Kulturarena und entdecken Sie die vielfältige Kneipenmeile.

Der Innovationscampus Ernst-Abbe-Hochschule in Jena bietet mit seinen neun Fachbereichen der Ingenieurwissenschaften, der Gesundheits- und Pflegewissenschaften, der Sozialwissenschaften und der Betriebswirtschaft ein wissenschaftlich solides und fundiertes, interdisziplinäres und sehr praxisnahes Studium.

Aktuell bietet die Ernst-Abbe-Hochschule Jena 50 attraktive Studienprogramme an und pflegt Beziehungen zu 143 internationalen Partnerhochschulen weltweit.

Wir machen Sie fit für den beruflichen Aufstieg!

Fachhochschule der Wirtschaft (FHDW)
Fürstenallee 5
33102 Paderborn

Tel.: 05251 301-173
www.fhdw.de

Ansprechpartnerin:
Dajana Deppenmeier, M. A.
E-Mail: dajana.deppenmeier@fhdw.de

Duales Bachelor-Studium
Angewandte Informatik (B. Sc.)
Betriebswirtschaft (B. A.)
International Business (B. A.)
Wirtschaftsinformatik (B. Sc.)
Wirtschaftsrecht (LL. B.)

Berufsbegleitendes Bachelor-Studium
Betriebswirtschaft (B. A.)
Wirtschaftsinformatik (B. Sc.)

Berufsbegleitendes Master-Studium
Controlling und Finanzmanagement (M. A.)
Einkauf und Logistikmanagement (M. A.)
General Management (MBA)
International Management (M. A.)
IT-Management and Information Systems (M. Sc.)
Marketing und Vertriebsmanagement (M. A.)
Steuerrecht und Unternehmensnachfolge (LL. M.)

Die FHDW zählt zu den ältesten privaten Hochschulen in Deutschland. Die engen Kontakte zur Wirtschaft ermöglichen ein praxisorientiertes Studium, das den Studierenden beste Chancen auf dem Arbeitsmarkt eröffnet.

In den dualen Bachelor-Studiengängen wechseln die Studierenden quartalsweise zwischen Theoriephasen an der Hochschule und Praxisphasen im Unternehmen.

Die FHDW pflegt einen intensiven Kontakt zu etwa 300 Partnerunternehmen. So verfügen über 90 Prozent der Absolventen bereits vor Studienende über einen festen Arbeitsplatz.

Das Informationsangebot für Schüler und die Termine finden Sie unter www.fhdw.de.

Wo Studieren praktisch ist!

Fachhochschule Erfurt
Altonaer Straße 25
99085 Erfurt

Tel.: 0361 6700-0
www.fh-erfurt.de

Postanschrift:
Fachhochschule Erfurt
Postfach 45 01 55
99051 Erfurt

Studienberatung:
Tel.: 0361 6700-834
E-Mail: beratung@fh-erfurt.de

Fachrichtungen und Studienangebote:
Angewandte Informatik
Architektur
Bauingenieurwesen
Bildung und Erziehung von Kindern (berufsbegleitend)
Business Administration
Forstwirtschaft und Ökosystemmanagement
Gartenbau
Gebäude- und Energietechnik
Landschaftsarchitektur
Pädagogik der Kindheit
Soziale Arbeit
Stadt- und Raumplanung
Wirtschaftsingenieur/in Eisenbahnwesen
Wirtschaftsingenieur/in Energietechnik
Wirtschaftsingenieur/in Verkehr, Transport und Logistik

Die Fachhochschule Erfurt wurde 1991 gegründet. 28 Jahre später ist sie eine etablierte, moderne und praxisorientierte Hochschule. Vordere Plätze in nationalen Rankings, zahlreiche fruchtbare Kontakte zur Wirtschaft, eine intensive Vernetzung in Stadt und Region sowie wachsende internationale Ausstrahlung unterstreichen dies.

Die anwendungsbezogene Lehre sowie praxisorientierte Forschung bereiten die Studierenden optimal auf ihre spätere berufliche Tätigkeit vor. In 6 Fakultäten mit 13 Fachrichtungen bietet die Fachhochschule 32 Bachelor- und Masterstudiengänge an. Das breite Fächerspektrum erstreckt sich von Wirtschaft und Soziales über Technik und Ingenieurwissenschaften bis hin zur Gestaltung oder Studiengängen zur Landnutzung.

Aktuell studieren ca. 4.100 Personen an der FH Erfurt. Die wachsenden Angebote zum Erlernen von Sprachen, interkultureller Kompetenz oder zum Erwerb von Schlüssel- und Basiskompetenzen runden die Ausbildungsangebote ab. So ist die FH Erfurt gleichzeitig eine Hochschule mit junger Tradition, herausfordernder Gegenwart und spannender Zukunft.

Studium und Ausbildung kombinieren

FOM Hochschule
Hochschulzentrum Kassel
Kölnische Straße 69
34117 Kassel

Ansprechpartnerin:
Dipl.-Oec. Maria Weidemann
Tel.: 0561 739732 - 11
E-Mail: maria.weidemann@fom.de

www.fom.de

E-Mail: studienberatung@fom.de

- Betriebswirtschaft & Wirtschaftspsychologie (B. Sc.)
- Business Administration (B. A.)
- Gesundheits- und Sozialmanagement (B. A.)
- International Management (B. A.)
- Pflege (B. A.)
- Pflegemanagement (B. A.)
- Soziale Arbeit (B. A.)
- Steuerrecht (LL. B.)
- Wirtschaftsinformatik (B. Sc.)
- Wirtschaftsrecht (LL. B.)

Beste Startchancen für Ihr Berufsleben sichern Sie sich mit dem dualen Studium an der FOM Hochschule. Kombinieren Sie eine Ausbildung, ein Praktikum, ein Traineeship oder ein Volontariat im Unternehmen mit einem Bachelor-Studium. So sammeln Sie Berufserfahrung, erreichen Ihren Hochschulabschluss, verdienen eigenes Geld und werden zur attraktiven Nachwuchskraft.

Die gemeinnützige FOM ist mit rund 50.000 Studierenden Deutschlands größte private Hochschule. Von BWL und IT über Wirtschaftspsychologie bis hin zu Gesundheitsmanagement bietet Ihnen die FOM Hochschule in Kassel ein breit gefächertes Themenspektrum. Wählen Sie den Studiengang, der zu Ihnen und Ihren Zukunftsplänen passt.

Die Vorlesungen finden abends sowie am Samstag statt, im Gegensatz zu einem Fernstudium ermöglicht das Präsenzkonzept eine optimale Betreuung der Studierenden vor Ort. Zahlreiche Kooperationsunternehmen bieten in der Region Nordhessen Ausbildungsplätze in Kombination mit einem dualen Studium an der FOM in Kassel an.

FRIEDRICH-SCHILLER-
UNIVERSITÄT
JENA

Klassisch.
Exzellent.
Überraschend.
Einfach paradiesisch!

Im Jahr 1558 gegründet, steht die Universität Jena heute für eine moderne Hochschule, deren Wissenschaftler in vielen Bereichen zu den Spitzenforschern ihres Fachs gehören.

Studieren kann man an der Friedrich-Schiller-Universität Jena fast alles von A wie Alte Geschichte bis Z wie Zahnmedizin. Unter den 205 Studienmöglichkeiten ist für jeden Geschmack etwas zu finden. Ob berufsorientierte Bachelorangebote, eine praxisnahe Lehramtsausbildung oder attraktive interdisziplinäre Masterprogramme – alles da!

Derzeit sind an der Jenaer Universität knapp 18.000 Studierende aus über 90 Ländern eingeschrieben. Kurze Wege und ein eng geknüpftes Forschungsnetzwerk sind das Geheimnis für die Renaissance der Saalestadt als Wissenschaftsmetropole.

Du willst auch dazugehören? Nichts leichter als das. Du brauchst ungefähr 550 Euro im Monat für Wohnen, Essen, Feiern und Schlauwerden.

Wenn du außerdem Lust auf eine lebendige, familienfreundliche Stadt hast, in der jeder vierte Einwohner ein Student ist, dann sollten wir uns kennenlernen.

Friedrich-Schiller-Universität Jena
Studierenden-Service-Zentrum
Fürstengraben 1
07743 Jena

www.uni-jena.de

E-Mail: studium@uni-jena.de

Theologische Fakultät

Rechtswissenschaftliche Fakultät

Wirtschaftswissenschaftliche Fakultät

Philosophische Fakultät
Philosophie, Geschichte,Volkskunde, Kunstgeschichte und Filmwissenschaft, Germanistik, Anglistik, Romanistik, Slawistik, Altertumswissenschaften, Archäologie, Interkulturelle Wirtschaftskommunikation

Fakultät für Sozial- und Verhaltenswissenschaften
Psychologie, Erziehungswissenschaft, Soziologie, Politikwissenschaft, Kommunikationswissenschaft, Sportwissenschaft

Fakultät für Mathematik und Informatik

Physikalisch-Astronomische Fakultät

Chemisch-Geowissenschaftliche Fakultät

Biologisch-Pharmazeutische Fakultät
Biologie, Biochemie, Ernährungswissenschaft, Bioinformatik, Biogeowissenschaften, Pharmazie

Medizinische Fakultät
Medizin, Zahnmedizin

HOCHSCHULE NORDHAUSEN
University of Applied Sciences

Praxisorientiert – fachübergreifend – international

Hochschule Nordhausen
Studien-Service-Zentrum
Weinberghof 4 · 99734 Nordhausen

Tel.: 03631 420222
www.hs-nordhausen.de

E-Mail: studienberatung@hs-nordhausen.de

Bachelor-Studiengänge:
Wirtschafts- und Sozialwissenschaften (B. A.)
Betriebswirtschaftslehre / Business Administration
Gesundheits- und Sozialwesen / Soziale Arbeit
Heilpädagogik / Inclusive Studies
Internationale Betriebswirtschaft / International Business
Öffentliche Betriebswirtschaft / Public Management
Sozialmanagement
Ingenieurwissenschaften (B. Eng.)
Automatisierung und Elektronikentwicklung
Geotechnik
Internet - Technologie und Anwendungen
Regenerative Energietechnik
Umwelt- und Recyclingtechnik
Wirtschaftsingenieurwesen für Nachhaltige Technologien
Maschinenbau
Elektrotechnik
Informatik

Master-Studiengänge:
Wirtschafts- und Sozialwissenschaften (M. A.)
Innovations- und Changemanagement
Public Management & Governance
Therapeutische Soziale Arbeit
Systemische Beratung (weiterbildend)
Transdisziplinäre Frühförderung (weiterbildend)
Ingenieurwissenschaften (M. Eng.)
Energetisch-Ökologischer Stadtumbau
Energiesysteme
Mechatronik
Renewable Energy Systems
Wirtschaftsingenieurwesen

Leben an einem ausgezeichneten Ort: Die junge und moderne Hochschule im Herzen Thüringens bietet innovative und zukunftsorientierte Studiengänge, die den Anforderungen der Praxis und den Veränderungen in der Berufswelt gerecht werden.

Überfüllte Hörsäle und Studieren als anonyme Matrikelnummer? Fehlanzeige! Das Betreuungsverhältnis zwischen Studierenden und Lehrenden ist ausgezeichnet. Der grüne, familiäre Campus mit hochmoderner Ausstattung, zahlreichen studentischen Initiativen und dem Studentenklub lädt zum Studieren an einem beliebten Studienstandort ein.

Zahlreiche hervorragend ausgestattete Labore und Forschungseinrichtungen realisieren ein praxisnahes Studium an der Schnittstelle zwischen Lehre und Forschung. Eine wissenschaftliche Ausbildung auf hohem Niveau wird durch neueste Technologien und praxiserfahrene Professoren und Dozenten gewährleistet.

HOCHSCHULE SCHMALKALDEN
UNIVERSITY OF APPLIED SCIENCES

Exzellent studieren mit internationalem Flair

>> HOCHSCHULINFORMATIONSTAG AM FREITAG, 17.05.2019!

Hochschule Schmalkalden
Zentrale Studienberatung
Blechhammer 9
98574 Schmalkalden

www.hs-schmalkalden.de
studienberatung@hs-schmalkalden.de

Ansprechpartnerinnen:
Corinna Endter und Franca Kröger-Pfaff
Tel.: 03683 688-1023 / -1024

Fakultäten und Studiengänge:

Elektrotechnik:
Elektrotechnik und Informationstechnik (B. Sc.)
Health Tech (B. Sc.)
Wirtschaftsingenieurwesen / Technical Management (B. Eng.)
Elektrotechnik und Informationstechnik (M. Sc.)

Informatik:
Informatik (B. Sc.)
Mobile Computing (B. Sc.)
Multimedia-Marketing (B. Sc.)
Wirtschaftsinformatik (B. Sc.)
Angewandte Medieninformatik (M. Sc.)
Applied Computer Science (M. Sc.)

Maschinenbau:
Maschinenbau (B. Eng.)
Wirtschaftsingenieurwesen / Maschinenbau (B. Eng.)
Angewandte Kunststofftechnik (M. Eng.)
Maschinenbau (M. Eng.)

Wirtschaftsrecht:
International Business Law (LL. B.)
Wirtschaftsrecht (LL. B.)
Wirtschaftsrecht (LL. M.)

Wirtschaftswissenschaften:
Betriebswirtschaftslehre (B. A.)
International Business and Economics (B. A.)
Volkswirtschaftslehre (B. A.)
Wirtschaftswissenschaften (B. A.)
International Business and Economics (M. A.)

Ein Studium in Schmalkalden steht unter dem Motto „exzellent studieren“ und ist durch ein persönliches Verhältnis zu den Professoren geprägt. Ein wichtiger Baustein ist die Praxisorientierung, die den Studierenden einen schnellen Berufseinstieg ermöglicht. Das Studium an der HS Schmalkalden ist traditionell international ausgerichtet. Mit einem engen Netzwerk von mehr als 70 Partnerhochschulen weltweit hat jeder Studierende die Möglichkeit, einen Teil seines Studiums im Ausland zu verbringen.

Dass das Studienangebot der Hochschule qualitativ hochwertig ist, belegen regelmäßig CHE-Hochschulrankings: Insbesondere in den Ingenieurwissenschaften zählt die HS Schmalkalden zur Spitzengruppe Deutschlands. Natürlich kommt auch das Studentenleben nicht zu kurz! Ein umfangreiches Sportangebot und zahlreiche Veranstaltungen auf dem Campus sorgen für Abwechslung neben dem Studium.

Internationale Berufsakademie der F+U Unternehmensgruppe gGmbH (iba)

Internationale Berufsakademie
der F+U Unternehmensgruppe gGmbH
Studienort Kassel
Friedrich-Ebert-Straße 21
34117 Kassel

Tel.: 0561 76648568
www.iba-kassel.com
E-Mail: info@iba-kassel.com

Duales Bachelor-Studium:
Betriebswirtschaftslehre (B. A.)
Betriebswirtschaftslehre mit interkultureller Qualifikation (B. A.)
jeweils mit den Fachrichtungen:

- Event-, Messe- und Kongressmanagement
- Financial Services
- Gastronomiemanagement
- Health Care Management
- Hotel- und Tourismusmanagement
- Immobilienwirtschaft
- IT-Management
- Marketingkommunikation / Public Relations
- Personalwirtschaft / Personaldienstleistungen
- Sportmanagement
- Steuern und Wirtschaftsprüfung
- Supply Chain Management in Industrie und Handel

Sozialpädagogik & Management (B. A.)

Wirtschaftsingenieurwesen (B. Eng.)
(in Planung am Studienort Kassel)

Das duale Studienmodell der geteilten Woche an der Internationalen Berufsakademie (iba) bietet die kürzeste Verbindung von Theorie und Berufspraxis. Dabei wechseln sich Theorie- und Praxisphasen innerhalb einer Woche ab; das bedeutet, dass die Studierenden jede Woche je 20 Stunden studieren und arbeiten. Dadurch werden sie kontinuierlich und intensiv in die betrieblichen Abläufe eingebunden und können das Erlernte direkt in der Praxis umsetzen. In den vergangenen Jahren ist die iba stark gewachsen – ein Trend, der anhält.

Interessante Studiengänge und attraktive Praxisunternehmen machen die iba zu einem Erfolgsmodell mit sehr guten Arbeitsmarktchancen für Absolventinnen und Absolventen. Die iba bietet die Studiengänge Betriebswirtschaftslehre und Betriebswirtschaftslehre mit interkultureller Qualifikation, jeweils in 12 attraktiven Fachrichtungen, sowie Sozialpädagogik & Management deutschlandweit an 11 Studienorten an. An den Studienorten Darmstadt und Heidelberg ist außerdem der Studiengang Physiotherapie sowie in Darmstadt der Studiengang ATW – Schwerpunkt Ergotherapie im Angebot und in Kassel befindet sich der Studiengang Wirtschaftsingenieurwesen in Planung.

A wie Ägyptologie bis Z wie Zahnmedizin

Johannes Gutenberg-Universität Mainz (JGU)
Zentrale Studienberatung
Studierenden Service Center
Forum universitatis Eingang 1, 1. OG
55128 Mainz

Hotline: 06131 3922122
E-Mail: zsb@uni-mainz.de
www.studium.uni-mainz.de

Unser Studienangebot:
- Dolmetschen und Übersetzen (am Campus Germersheim)
- Kulturwissenschaften
- Lehramt an Gymnasien
- Literaturwissenschaften
- Medienwissenschaften
- Medizin und Zahnmedizin
- Musik und Kunst
- Naturwissenschaften
- Mathematik und Informatik
- Pharmazie
- Psychologie
- Rechtswissenschaft
- Sozialwissenschaften
- Sport und Sportwissenschaft
- Sprachwissenschaften
- Theologien
- Wirtschaftspädagogik
- Wirtschaftswissenschaften

www.studium.uni-mainz.de/studienangebot

Rund 31.500 Studierende aus 120 Nationen studieren an der Johannes Gutenberg-Universität Mainz (JGU) und haben in dem vielfältigen Studienangebot ihr Wunschstudium gefunden. Mit einem breiten Angebot aus den Geistes-, Natur-, Sozial-, Medien- und Wirtschaftswissenschaften, dazu Medizin, Kunst, Musik und Sport, bietet die JGU 75 Studienfächer an, die in zahlreichen Kombinationen studiert werden können – an der JGU als Volluniversität gibt es also „alles außer Technik".

Internationale Studiengänge und rund 500 Hochschulpartnerschaften weltweit ermöglichen es den Studierenden, während ihres Studiums ins Ausland zu gehen und wertvolle interkulturelle Erfahrungen zu sammeln.

Die JGU ist eine Campusuniversität. Die Universitätsgebäude liegen nicht in der Stadt verstreut, sondern mit wenigen Ausnahmen auf einem weitläufigen Gelände in der Nähe der Innenstadt, das eine entspannte Atmosphäre bietet. Das vielfältige Sport- und Freizeitprogramm steht allen Studierenden der Universität offen und lädt auch außerhalb des akademischen Studiums zum Verweilen auf dem Campus ein.

TECHNISCHE UNIVERSITÄT DARMSTADT

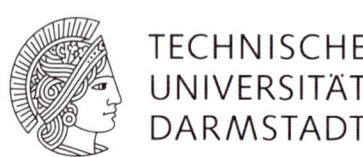

Willkommen an der Technischen Universität Darmstadt

Technische Universität Darmstadt
Zentrale Studienberatung und -orientierung
Karolinenplatz 5 · 64289 Darmstadt

Ansprechpartnerin: Dr. Silvia Faßbender
Tel.: 06151 16-25461
E-Mail: info@zsb.tu-darmstadt.de

www.zsb.tu-darmstadt.de

Die TU Darmstadt ist eine der führenden technischen Universitäten in Deutschland. Kompetenz hat bei uns Tradition – seit fast 150 Jahren. Heute schaffen wir als erste autonome Universität Deutschlands Freiräume für Kreativität und Begeisterung. Was mehr als 25.000 Studierende an der TU Darmstadt überzeugt, ist exzellente Lehre und Forschung auf einem innovativen, neugestalteten Campus. Mit unseren aktuellen Forschungsschwerpunkten gestalten wir die Zukunft.

Das Studienangebot ist vielfältig und umfasst mehr als 110 technische, naturwissenschaftliche und geistes- und humanwissenschaftliche Studiengänge. Das ideale Umfeld für Kreativität, Individualität und erfolgreiches Studieren.

TU-Studierende lernen in praxisnaher, interdisziplinärer und teambasierter Projektarbeit schon frühzeitig grundlegende Methoden ihres eigenen Faches kennen, übernehmen Verantwortung und trainieren ihre Kommunikations- und Teamfähigkeit – wichtige Aspekte für den späteren erfolgreichen Start ins Berufsleben.

Studium Bachelor of Science (B. Sc.):
Angewandte Geowissenschaften
Angewandte Mechanik
Architektur
Bauingenieurwesen und Geodäsie
Biologie
Biomolecular Engineering
- Molekulare Biotechnologie
Chemie
Computational Engineering
Elektrotechnik und Informationstechnik
Informatik
Informationssystemtechnik
Maschinenbau
- Mechanical and Process Engineering
Materialwissenschaft
Mathematik
Mechatronik
Medizintechnik
Physik
Psychologie
Psychologie in IT
Umweltingenieurwissenschaften
Wirtschaftsinformatik
Wirtschaftsingenieurwesen (techn. FR)
- Bauingenieurwesen
- Elektrotechnik und Informationstechnik
- Maschinenbau

Studium Bachelor of Arts (B. A.)
Digital Philology
Geschichte mit Schwerpunkt Moderne
Pädagogik
Politikwissenschaft
Soziologie

Studium Joint Bachelor of Arts (J. B. A.)
aus zwei Teilfächern der Geistes- und Humanwissenschaften, Informatik und Wirtschaftswissenschaften

Lehramtsstudiengänge
Lehramt Gymnasium (LAG)
Bachelor of Education (B. Ed.) gewerblich-technische Bildung

TECHNISCHE UNIVERSITÄT
ILMENAU

Studieren mit besten Aussichten

Technische Universität Ilmenau
Postfach 100565
98684 Ilmenau

Tel.: 03677 692021
www.tu-ilmenau.de

Zentrale Studien- und Studierendenberatung
E-Mail: studienberatung@tu-ilmenau.de

Bachelorstudiengänge:
Angewandte Medien- und Kommunikationswissenschaft
Biomedizinische Technik
Biotechnische Chemie
Elektrotechnik und Informationstechnik
Fahrzeugtechnik
Informatik
Ingenieurinformatik
Maschinenbau
Mathematik
Mechatronik
Medientechnologie
Medienwirtschaft
Optische Systemtechnik / Optronik
Polyvalenter Bachelor mit Lehramtsoption (BBS)
Technische Kybernetik und Systemtheorie
Technische Physik
Werkstoffwissenschaft
Wirtschaftsinformatik
Wirtschaftsingenieurwesen

Diplomstudiengänge:
Elektrotechnik und Informationstechnik
Maschinenbau

Technik, Naturwissenschaften, Wirtschaft und Medien sind die Säulen der Ilmenauer Ausbildung.

Ein international anerkanntes Ausbildungsniveau, fachübergreifendes Denken, eine persönliche Betreuung durch die Professoren, Mentoren und Tutoren, ein moderner Campus mit kurzen Wegen sowie ein sehr gutes soziales Umfeld und eine große Anzahl studentischer Vereine, fachlicher, kultureller und sportlicher Initiativen zeichnen die Ilmenauer Universität als Studienstätte besonders aus.

Die enge Kooperation mit einer Vielzahl großer und mittelständischer Unternehmen in Deutschland und im Ausland sowie die große Nachfrage der Industrie eröffnen den Absolventen hervorragende Chancen auf dem internationalen Arbeitsmarkt.

Masterstudiengänge:
Biomedizinische Technik
Biotechnische Chemie
Communications and Signal Processing
Electrical Power and Control Engineering
Elektrochemie und Galvanotechnik
Elektrotechnik und Informationstechnik
Fahrzeugtechnik
Informatik
Ingenieurinformatik
Maschinenbau
Mathematik und Wirtschaftsmathematik
Mechatronik
Medien- und Kommunikationswissenschaft
Medientechnologie
Medienwirtschaft
Micro- and Nanotechnologies
Miniaturisierte Biotechnologie
Optische Systemtechnik / Optronik
Regenerative Energietechnik
Research in Computer and Systems Engineering
Technische Kybernetik und Systemtheorie
Technische Physik
Werkstoffwissenschaft
Wirtschaftsinformatik
Wirtschaftsingenieurwesen

Universität Erfurt – aus Tradition modern

Universität Erfurt
Nordhäuser Straße 63
99089 Erfurt
www.uni-erfurt.de

Allgemeine Studienberatung
Tel.: 0361 737-5100
allgemeinestudienberatung@uni-erfurt.de

www.uni-erfurt.de/studium/studienangebot

Bachelor-Studiengänge:
Anglistik / Amerikanistik
Erziehungswissenschaft
Evangelische Religionslehre
Förderpädagogik
Germanistik
Geschichtswissenschaft
Internationale Beziehungen
Katholische Religion
Kommunikationswissenschaft
Kunst
Lehr-, Lern- und Trainingspsychologie
Literaturwissenschaft
Management
Mathematik
Musikerziehung
Musikvermittlung
Philosophie
Primare und Elementare Bildung
Religionswissenschaft
Romanistik
Slawistik
Sport- und Bewegungspädagogik
Staatswissenschaften-Rechtswissenschaft
Staatswissenschaften-Sozialwissenschaften
Staatswissenschaften-Wirtschaftswissenschaft
Technik

Master-Studiengänge:
a) wissenschaftlich vertiefende, forschungsorientierte Studiengänge
b) lehramtsbezogene Studiengänge (Grundschule, Regelschule, Förderpädagogik, berufsbildende Schule)

Die Universität Erfurt ist eine geisteswissenschaftliche Reformuniversität mit einem einzigartigen kultur- und gesellschaftswissenschaftlichen Profil. Sie wurde 1994 neugegründet, ihre Wurzeln reichen aber bis ins 14. Jahrhundert zurück. Schon Martin Luther (1501 – 1505 Student der Universität Erfurt) wusste: „Wer gut studieren will, gehe nach Erfurt!" Seit der Wiedergründung führen wir unsere Studierenden zu Bachelor- und Masterabschlüssen. Durch die enge Vernetzung der Fakultäten gehen wir innovative Wege in Lehre und Forschung.

Das gute Betreuungsverhältnis zwischen Lehrenden und unseren ca. 5.800 Studierenden garantiert Qualität in Studium und Weiterbildung. Forschungsverbünde und „Graduate Schools" ermöglichen uns zudem exzellente Forschung, die von Wissenschaftskooperationen über die Disziplingrenzen hinaus geprägt ist.

Unser stadtnaher Campus mit Wohnheimen, Kindertagesstätte, Sportanlagen und Cafés macht die Universität zu einem lebendigen Teil der Landeshauptstadt.

Grundständiger Magister-Studiengang:
Katholische Theologie

U N I K A S S E L
V E R S I T Ä T

Lebendige Hochschule: Wissenschaft und Praxis

Universität Kassel
Mönchebergstraße 19
34109 Kassel

Ansprechpartner: Thomas Haubrich
Tel.: 0561 8043598
E-Mail: haubrich@uni-kassel.de

www.uni-kassel.de

Studiengänge:
Architektur
Stadt- und Regionalplanung
Landschaftsarchitektur und Landschaftsplanung
Bauingenieurwesen
Umweltingenieurwesen
Maschinenbau
Mechatronik
Elektrotechnik
Informatik
Ökologische Landwirtschaft
English & American Culture & Business Studies
English & American Studies
Germanistik
Kulturwirt/in Romanistik/Französisch
Kulturwirt/in Romanistik/Spanisch
Soziale Arbeit
Philosophie
Psychologie
Politikwissenschaft
Soziologie
Geschichte
Biologie
Physik
Mathematik
Nanostrukturwissenschaften
Wirtschaftswissenschaften
Wirtschaftsrecht
Wirtschaftsingenieurwesen
Lehramt an Grundschulen, Haupt- und Realschulen, Gymnasien
Wirtschaftspädagogik
Berufspädagogik
- Gesundheit
- Elektrotechnik und Metalltechnik
Bildende Kunst
Produktdesign
Visuelle Kommunikation
Kunstwissenschaft

Modern und lebendig – so präsentiert sich die Universität Kassel, die als Reformhochschule 1971 ihren Betrieb aufnahm. Es sind über 24.000 Studierende eingeschrieben, denen in 10 Fachbereichen und der Kunsthochschule Kassel ein breites Spektrum von Studien- und Weiterbildungsmöglichkeiten geboten wird. Es reicht von den Geistes-, Human- und Sozialwissenschaften über die Technik- und Naturwissenschaften bis hin zur Musik und zur bildenden Kunst.

So konnte sich die Kasseler Hochschule durch ihr wissenschaftliches Profil einen besonderen Platz unter den deutschen Hochschulen und im europäischen Hochschulraum erobern. Mit den Kompetenzfeldern Natur, Technik, Kultur und Gesellschaft verbindet die Uni Kassel Schwerpunkte, wie sie an deutschen Universitäten in dieser Form sonst nicht zu finden sind. Rund 300 Professoren bringen ihre besondere Fachkompetenz innovativ, interdisziplinär und professionell in Forschung und Lehre ein. Auf die Nähe zu beruflicher Praxis wird an der Universität Kassel besonderer Wert gelegt.

Tobias Schneider/Barlo Fotografik

Teil V:

Weitere attraktive Angebote

Nordhessen
HESSENMETALL

Berufsinformationen XXL: Deine Chance in der Metall- und Elektro-Industrie

Arbeitgeberverband HESSENMETALL Nordhessen
Karthäuserstraße 23
34117 Kassel

Ansprechpartnerin:
Frauke Syring, Pressestelle
Tel.: 0561 1091-323
frauke.syring@arbeitgeber-nordhessen.de

www.arbeitgeber-nordhessen.de

Wieder im Außenbereich dabei: der zweigeschossige Infotruck der Metall- und Elektro-Industrie (M+E). Er läutet die neue Dimension der Berufsorientierung XXL ein. Auf der etwa 80 m² großen Präsentationsfläche des InfoTrucks können SchülerInnen, LehrerInnen und Eltern die neuesten Multimedia-Anwendungen und anschauliche Elektro- und Mechanik-Experimentierstationen hautnah erleben. Mit einer technischen Weltneuheit – eine eigens für die InfoTrucks entwickelte 3D-Software auf einem 1,5 m² großen Multitouch Table – können sechs Besucher im Obergeschoss gleichzeitig ein virtuelles M+E-Unternehmen interaktiv erkunden.

Ausbildungsangebote, (duale) Studienangebote, sonstige Beratungsangebote – Auszug

Ausbildungsangebote

Duale Studienangebote

Studienangebote

Sonstige Beratungsangebote

Die Messen für Ausbildung+Studium nordjob vocatium 2019 finden statt in:

Messen Nord

März

6. März	Vorpommern (Stralsund)
19. und 20. März	Kiel
26. und 27. März	Neubrandenburg

Mai

7. und 8. Mai	Neumünster
9. und 10. Mai	Flensburg
14. und 15. Mai	Oldenburg/Weser-Ems
15. und 16. Mai	Schwerin
22. und 23. Mai	Unterelbe/Westküste
28. und 29. Mai	Hamburg Nord

Juni

4. und 5. Juni	Lübeck
6. und 7. Juni	Bremen
12. und 13. Juni	Lüneburger Heide
18. und 19. Juni	Hamburg Süd
19. und 20. Juni	Rostock
20. Juni	Lingen/Emsland

September

4. Sept.	Hamburg Ost

Oktober

24. Okt.	Prenzlau

International

19. und 20. Nov.	Wien (Österreich)

Messen Mitte/Ost

April

2. April	Zwickau
3. April	Nordwestbrandenburg
4. April	Harz
9. und 10. April	Region Erfurt
16. und 17. April	Dresden

Mai

8. Mai	Frankfurt (Oderregion)
8. und 9. Mai	Braunschweig-Wolfsburg
21. und 22. Mai	Hannover
22. Mai	Lausitz/Niederschlesien
28. und 29. Mai	Leipzig/Halle

Juni

5. und 6. Juni	Berlin I
12. und 13. Juni	Kassel
13. Juni	Hildesheim
13. und 14. Juni	Dessau-Roßlau
18. und 19. Juni	Chemnitz
25. und 26. Juni	Magdeburg

August

27. Aug.	Berlin/Nordwest
27. und 28. Aug.	Region Göttingen

September

4. und 5. Sept.	Jena/Ostthüringen
10. und 11. Sept.	Potsdam
25. und 26. Sept.	Berlin II

Stand November 2018 – Änderungen vorbehalten

Die Messen für Ausbildung+Studium nordjob vocatium 2019 finden statt in:

Messen West

März

22. März	Wetzlar

April

9. und 10. April	Ruhrgebiet/Gelsenkirchen

Mai

8. und 9. Mai	Saarbrücken
9. und 10. Mai	Dortmund
14. Mai	Bonn/Rhein-Sieg I
15. und 16. Mai	Köln I
22. und 23. Mai	Gießen
28. und 29. Mai	Rhein-Main
28. und 29. Mai	Mönchengladbach

Juni

13. und 14. Juni	Mainz/Wiesbaden
18. und 19. Juni	Duisburg
18. und 19. Juni	Trier

Juli

2. und 3. Juli	Ostwestfalen-Lippe (Bielefeld)
9. und 10. Juli	Düsseldorf

September

10. und 11. Sept.	Region Koblenz
12. und 13. Sept.	Köln II
17. und 18. Sept.	Essen
19. und 20. Sept.	Bonn/Rhein-Sieg II
19. und 20. Sept.	Münsterland
26. und 27. Sept.	Krefeld

Messen Süd

März

26. und 27. März	Oberbayern-Fürstenfeldbruck

April

2. und 3. April	München
9. und 10. April	Erlangen

Mai

9. Mai	Schweinfurt
14. und 15. Mai	Ostwürttemberg/Aalen
21. und 22. Mai	Rhein-Neckar-Pfalz (Mannheim/Heidelberg)
28. und 29. Mai	Region Augsburg

Juni

4. und 5. Juni	Ingolstadt
4. und 5. Juni	Vierländereck (Hof)
25. und 26. Juni	Bodensee (Friedrichshafen)
28. Juni	Sinsheim

Juli

2. und 3. Juli	Niederbayern (Landshut)
4. und 5. Juli	Mittelfranken (Nürnberg)
9. und 10. Juli	Unterfranken (Würzburg)
10. und 11. Juli	Pforzheim
11. und 12. Juli	Ulm/Neu-Ulm
16. und 17. Juli	Region Freiburg
16. und 17. Juli	Regensburg
17. und 18. Juli	Stuttgart

Oktober

2. Okt.	Heilbronn-Franken

Stand November 2018 – Änderungen vorbehalten